A Evolução dos Espíritos

A Tradição comenta a Evolução

Os Mestres da Luz da Tradição Natural tecem breves comentários acerca da diversidade da Criação e da natureza e evolução do Ser Humano

obra mediúnica psicografada por
Rubens Saraceni

A Evolução dos Espíritos

A Tradição comenta a Evolução

*Os Mestres da Luz da Tradição Natural
tecem breves comentários acerca da diversidade da
Criação e da natureza e evolução do Ser Humano*

MADRAS®

© 2023, Madras Editora Ltda.

Editor:
Wagner Veneziani Costa (in memoria

Produção e Capa:
Equipe Técnica Madras

Revisão:
Miriam Rachel Ansarah Russo Terayama
Maria Cristina Scomparini
Wilson Ryoji

CIP-BRASIL. CATALOGAÇÃO-NA-FONTE SINDICATO NACIONAL DOS EDITORES DE LIVROS, RJ.

A Evolução dos espíritos: a tradição comenta a evolução : os Mestres da Luz da Tradição Natural tecen breves comentários acerca da diversidade da criação e da natureza e evolução do ser humano / obra mediúnica psicografada por Rubens Saraceni – 5ed
São Paulo: Madras, 2023

ISBN 978-85-370-0360-2

1. Espiritismo 2. Psicografia I. Espíritos Diversos. II Saraceni, Rubens,1951-
08-05224 CDD-133.93.
Índice para catálogo sistemático:
1. Mensagens psicografadas : Espiritismo 133.93
2. Psicografia : Espiritismo 133.93

É proibida a reprodução total ou parcial desta obra, de qualquer forma ou por qualquer meio eletrônico, mecânico, inclusive por meio de processos xerográficos, incluindo ainda o uso da internet, sem a permissão expressa da Madras Editora, na pessoa de seu editor (Lei nº 9.610, de 19.2.98).

Todos os direitos desta edição, em língua portuguesa, reservados pela

MADRAS EDITORA LTDA.
Rua Paulo Gonçalves, 88 — Santana
CEP: 02403-020 — São Paulo/SP
Tel.: (11) 2281-5555 – (11) 98128-7754
www.madras.com.br

À memória de Pai Jaú, pela sua inestimável contribuição para a difusão da Umbanda.

A Olga de Barros, dileta filha de Pai Jaú, uma homenagem de seu guia maior, senhor Ogum Megê Sete Espadas.

Agradecimentos

Agradecemos a todos os dirigentes de entidades e federações de Umbanda o esforço no sentido de promover a organização e a respeitabilidade do Ritual, assim como àqueles que, no anonimato de suas Tendas, fazem com que a Umbanda Sagrada se esparrame por todos os quadrantes desta terra e leve sua mensagem de fé e de caridade, de humildade e de esperança.

Índice

Prefácio 11
O que é a Tradição Natural 13
    A revelação 14
    A comunhão 14
    A aceitação 14
    A resignação 14
    A transformação 15
    A anulação 15
    A apropriação 15
Consagração às Essências Elementares 27
    Nefas — o fluido vital 27
    Agni — o calor vital 28
    Om — o sopro vital 29
    Sirach — o poder vital 30
Os Estágios Evolucionistas do "Ser" Humano 31
O Mental Humano 45
As Naturezas Elementares 51
As Esferas Espirituais Positivas e Negativas 57
Os Pontos de Força da Natureza 63
Os Degraus e seus Graus 71
Os Orixás e suas Atribuições nas "Naturezas" 79
O Magnetismo Humano 85
O Céu e o Inferno na Vida do ser Humano 91
Trevas, o Abrigo-Prisão na Visão da Lei 95
Luz, a Sublimação do Espírito Humano 101
Dom, as Qualidades do ser Humano 107
Os sete Sentidos da Vida 111
    O sentido da Fé 112
    O sentido do Amor 112

O sentido da Razão 113
O sentido da Lei 113
O sentido do Conhecimento 113
O sentido da Sabedoria 113
O sentido da Preservação da Vida 113
Os sete Cordões Virtuosos, o Cordão Cósmico, o Cordão Universal
e o Cordão Divino 115
Os Corpos Original, Energético, Emocional, Percepcional, Espiritual,
Físico e Mental 119
    Corpo original ou elemental 120
    Corpo energético ou básico 121
    Corpo emocional ou sensitivo 121
    Corpo perpecional ou racional 124
    Corpo espiritual ou plasmado 125
    Corpo físico ou materializado 127
    Corpo mental ou quintessenciado 129
Os Guardiães da Lei, Seres Planetários 131
O Setenário Sagrado 143
As Religiões "Desaparecidas" que Continuam Ativas 147
Tronos, Reinos e Domínios 153
Religiões, Vias Evolucionistas e Agentes Cármicos 159
Os Mistérios Originais Duais, Cósmicos e Universais 167
Fontes de Energias: Cósmicas, Universais e Celestiais 171
Esferas Extra-Humanas 175
Dimensões e Universos Paralelos 177
Orixás, Mistérios do Mistério Maior 183
A Dupla Polaridade: o Dualismo na Criação 189

Prefácio

"Bendito aquele que semeia livros
Livros... Livros... a mãos cheias
E faz o povo pensar..."

Disse o poeta: "E faz o povo pensar..." Quando tive o privilégio de prefaciar esta obra, veio-me imediatamente a lembrança de um rapaz simples, humilde e dedicado, que um dia foi meu aluno, um rapaz bom que lutava para superar dificuldades, batalhando pelo pão de cada dia, mas não esquecia seus deveres e obrigações para com a espiritualidade e cumpria paciente e caprichosamente cada rito necessário à sua consagração. Chamava-se Rubens Saraceni e foi um dos mais "humildes" filhos da Casa de Pai Benedito a concluir com pleno êxito sua extraordinária jornada.

Quando começou a escrever, teve a gentileza de ofertar-me seus livros, e sua forma romanceada de apresentar ensinamentos de maneira suave, *light*, de fácil memorização, lembrou-me o grande Rochester (*A Vingança do Judeu*, *O Faraó de Mernepetá* e outros). Achei extraordinário aquele modo de trazer o conhecimento, tão singelo, prendendo o leitor da primeira à última frase.

Inconscientemente, desejei que seu sucesso editorial se multiplicasse, e que outras pessoas, curiosas pelo conteúdo espiritualista de suas obras, procurassem, como já fez o autor, conhecer mais sobre o espiritualismo, que tivessem um pouco mais de "apetite" de saber.

Por conhecer bem meu ex-aluno, por reconhecer seu imenso conhecimento no campo da espiritualidade, e seus dotes de caráter irreprovável, imaginava que, passada a fase literária inicial, Rubens Saraceni brindar-nos-ia com obras cada vez mais cativantes, atuais, maduras, mas confesso que fiquei surpreso com o conteúdo do presente livro. *A Evolução dos Espíritos* é uma obra inspirada e inspiradora, que nos conduz com leveza, mas com firmeza, a fatos essenciais da existência, que nem sempre percebemos. Proporciona-nos inúmeras formas diferentes de encarar a espiritualidade, abrindo portais de luz em que só havia as muralhas das trevas do desconhecido.

Numa época de transformações como a que vivemos; neste limiar do Terceiro Milênio, quando vemos com tristeza bispos e pastores usando a Bíblia para negá-la em proveito próprio (Martinho Lutero, que tanto combateu a venda de indulgências papais, a ponto de realizar a reforma protestante, deve estar roxo de vergonha com determinados evangélicos protestantes de hoje); numa época de devassidão, de dissolução de costumes, de culto ao prazer e ao materialismo, sua obra é um raio de sol na escuridão. E, como disse o poeta, "faz o povo pensar".

> O livro caindo na alma
> É germem que faz a palma
> É gota que faz o mar

O aluno de ontem já é o mestre de hoje, deve e merece ser apreciado. Sua obra é como fina iguaria, que deve ser saboreada e não simplesmente deglutida.

A Evolução dos Espíritos é uma obra para "nos fazer pensar".

Babalaô Ronaldo Antonio Linares
Casa de Pai Benedito
Federação Umbandista do Grande "ABC"

O que é a Tradição Natural

Comenta: Pai Benedito de Aruanda, M. L.

Tradição, o que é isso?
Alguém já se fez essa pergunta?
Ou talvez, você já tenha feito essa pergunta a alguém. E a resposta o satisfez?

Com certeza, muitos já se questionaram sobre o que realmente seja essa tão abstrata Tradição, que todos os rituais a ela creditam a essência de sua práticas iniciáticas. Mas... certamente as respostas não foram satisfatórias, ou mesmo não foi possível obter resposta alguma!

Se isso ocorreu, não tenha dúvidas: o próprio termo "tradição" foi engolido pelo tempo, distanciando seu real significado do meio humano.

Essa perda de uma identidade assimilável deveu-se ao cisma ocorrido há muitos milênios, e que criou duas linhas de fundo religioso, mas antagônicas entre si, pois uma optou por uma deidade "abstrata", enquanto a que se conservou fiel à Tradição escolheu uma deidade "concreta".

A deidade abstrata é tangível apenas por meio da manifestação da fé pelo mental/emocional, naquilo que ficou denominado como a "transfiguração".

Já a concreta é tangível por meio dos sentidos e sua manifestação de fé realiza-se por procedimentos análogos aos da natureza naquilo que ficou denominado como a "transcendentalidade".

Transfiguração e transcendência, dois termos aparentemente de difícil compreensão pelo comum, mas somente o são devido à falta de um esclarecimento sobre seus reais significados.

A transfiguração, muitos a têm interpretado dandolhe um sentido restrito ou pessoal que atenda à sua concepção. Mas em verdade ela pode ser resumida desta forma: Deus criou o homem à sua semelhança! Daí, o homem extrai de Deus uma identificação com seu Criador, e só por meio de sua própria transfiguração consegue anular o homem que há em si mesmo para assim abrir um espaço que é ocupado pela divindade que traz consigo desde que por Deus foi criado.

Esta é a verdadeira interpretação do termo transfiguração, que pode ocorrer num ser humano, no decorrer de sua existência, de várias formas:

1ª – A revelação
2ª – A comunhão
3ª – A aceitação
4ª – A resignação
5ª – A transformação
6ª – A anulação
7ª – A apropriação

A revelação

Um ser (homem ou mulher), em dado momento de sua vida religiosa, tem uma visão da deidade que cultua e sofre um choque positivo que o altera por completo. A transfiguração ocorre automaticamente.

A comunhão

Um ser, por encontrar na deidade do seu culto uma afinidade a toda prova, comunga com ela uma identificação mútua, que o torna uma expressão material das qualidades dela, a deidade. O Mestre Jesus é um exemplo divino da comunhão, em todos os sentidos, do ser com sua deidade. E tão intensa é sua comunhão que não estão errados aqueles que dizem que o Cristo Jesus é a expressão humana do que de mais humano Deus possui: o amor às criaturas.

A aceitação

Um ser, por afinidade consciencial, aceita, sem nenhuma reserva, a deidade que cultua e, a partir daí, passa por um profundo processo de ligação com ela, a sua deidade. Os evangélicos são um bom exemplo, pois aceitam e não contestam os exageros cometidos em nome dela.

A resignação

O ser, após esgotar seu potencial criativo na materialidade, descobre que o materialismo é falível e finito. Então, volta-se para uma deidade afim e, pacientemente, renuncia ao seu livre-arbítrio e à sua espontaneidade criativa, colocando-a a serviço da deidade que o acolheu ou que com ela mais se identificou. A transfiguração que ocorre é a anulação do ser e a exaltação das qualidades divinas da deidade que começa a fluir na criatividade do ser.

A transformação

O ser, pouco atento às necessidades intrínsecas de sua própria natureza divina, afasta-se da religião até que, em dado momento, perde sua capacidade pessoal de interpretar os acontecimentos negativos de sua vida e entra num longo processo de esgotamento emocional. A partir daí, sofre profundas transformações no seu pensar e agir, voltando-se totalmente aos princípios regentes sintetizados na deidade que o aceitou num momento de desespero. A transfiguração ocorre pela dor.

A anulação

O ser, mesmo praticando sua religião, insiste em contrariar os cânones a respeito da sua deidade. Chega a um momento crítico em que, ou ele dela se afasta, ou se anula conscientemente para preservar sua identidade íntima perante seus correligionários. O ser transfigura-se, anulando-se.

A apropriação

O ser, por expor-se em demasia à sua deidade, dela apropria-se e torna-se uma extensão humana do ser divino que o rege. Ele deixa de ser humano e sente-se um ungido, pois até sua alimentação tem que ser regida por sua deidade.

Aí, nessas sete formas de transfiguração que têm mantido todas as manifestações de fundo religioso, está o sustentáculo das religiões abstratas que têm amoldado o caráter e o comportamento dos seres humanos regidos por deidades abstratas.

No abstracionismo não se aceita outra deidade coparticipativa na regência da criação: "Somente a minha deidade é o senhor. Todas as outras são obras do maligno!"

Este é o fundamento, a peça de resistência que bloqueia toda e qualquer manifestação alheia à deidade, visando com isso manter o culto isento de questionamentos internos, porque aos questionamentos externos todas as deidades estão sujeitas.

No abstracionismo o "eu sou" sobressai a "nós somos". Nele não se fala: "O nosso Deus!", mas sim: "O meu Deus!", como se houvesse mais de um.

O abstracionista distingue claramente que há um Deus seu, que é para ele e por ele. Quanto aos outros, o restante da humanidade, o maligno é quem os rege e os acolhe.

As religiões abstratas parcializam o todo e totalizam o parcial: "Eu sou de Deus, você não é!".

O todo (Deus) e o parcial (o ser) assumem papéis opostos. Colocam a existência de sua deidade dependente fundamentalmente de sua existência. Deus só existe por e pelo homem, e nunca é aceito o contrário. Costumam colocar coisas do tipo: "Devemos fortalecer nossa fé para que Ele não pereça no coração dos homens", ou "Somente entregando-se a Deus o homem O mantém vivo, pois, do contrário, Ele morrerá!"

São colocações contraditórias/paradoxais, pois se Deus é eterno e imortal, o homem-carne é limitado e mortal! Tais afirmações, tão peremptórias, não se justificam nem encontram sustentação na própria divindade, porque para ser divino Deus não depende do homem. Mas... quanto ao homem, bem, na maioria das vezes, mesmo com Deus já absorvido, continua a ser o que é: ser humano.

O maniqueísmo, a divisão entre bem e mal, deus e diabo, é uma concepção criada a partir do surgimento do cisma que dividiu a religiosidade em duas concepções opostas e antagônicas existentes no seio da antiga "Tradição".

Havia uma vertente que insistia em humanizar Deus, e outra que persistia na divinização do homem.

A Tradição permaneceu na mão dos que insistiam e persistiam na linha natural da evolução, em que o ser, pouco a pouco, vai adquirindo qualidades, atributos e atribuições divinos.

A corrente abstracionista afastou-se e tem, por milênios e milênios, tentado humanizar Deus.

Um típico exemplo dessa tentativa é a insistência do Judaísmo ortodoxo em que o "salvador" está por vir, enquanto uma dissidência optou por eleger Cristo como o aguardado salvador. A partir daí, mesmo sofrendo as mesmas incertezas comuns a todos, passaram a julgar-se completos nas suas divinizações humanas, enquanto aguardam o retorno do Messias.

A vertente abstrata passa por cima de muitos estágios da evolução verdadeiramente vivenciados pelo ser humano e o induz a crer que, cm uma única e curta encarnação, é possível a conquista definitiva dos reinos do céu, esquecendose por completo que a reencarnação, em si mesma, é um bem divino de suma importância, porque possibilita aos espíritos um meio de vivenciarem os múltiplos aspectos do nosso Criador existentes em nós mesmos, por sermos seres de origem divina, ainda que animados por uma natureza humana.

Já a Tradição é adepta e defensora do ciclo reencarnatório como aperfeiçoador dessa nossa natureza humana.

Nas religiões abstratas, o fiel ou crente é levado a acreditar que sua passagem pela carne é o fim de tudo e, ou vai para o céu ou para o inferno, ou, quando muito, para o purgatório, onde expiará na dor todos os seus pecados.

Na Tradição não existe o "pecado". O que se tem é uma visão total do ser, em que suas falhas (pecados) são vistas como deficiências.

O pecado define a conduta do ser quando este desagrada os cânones estabelecidos, tais como: não matar, não furtar, não cobiçar a mulher alheia, etc. Mas em se tratando de ações praticadas contra membros de outras religiões, sempre encontram uma justificativa para a prática dos mais revoltantes e desumanos atos.

Membros de uma religião abstrata são os mais interessados em ver diminuído o número de membros de outra religião "abstrata".

É o "eu sou", o "meu Deus", que "me" permite assistir à dizimação de um meu semelhante que não reza ao "meu" Deus. Afinal, se "eu sou", ele "não é". E ponto final! Mas em outro nível as coisas acontecem bem diferentes, porque todos "somos". E ele não é o "meu Deus", mas sim o Deus de "todos" nós.

Bem, voltando ao aspecto da reencarnação, a Tradição tem como um dos seus cânones/fundamentos que ela é um bem da vida e auxilia a todos, pois permite que qualidades que não puderam ser adquiridas, no curto espaço de uma encarnação, numa posterior com certeza sejam vivenciadas e assimiladas pelos seres.

É impossível que em uma única encarnação um ser, limitado em si mesmo, possa absorver tudo o que, à sua disposição, Deus colocou.

E além do mais, o ser "humano" não é um fim em si mesmo, mas tão somente um meio de, em um ser angelical, tornar-se.

Enquanto o abstracionismo prega que numa única "vida" na matéria tudo é conquistado, a Tradição ensina-nos que o gradualismo é fundamental para que um ser evolua em todos os sentidos.

Numa encarnação, concretiza sua fé; em outra, o seu amor se realiza; em outra, seus conhecimentos se solidificam; em outra, sua sabedoria se fundamenta nos princípios, etc.

A Tradição prioriza o ser como um bem divino; o abstracionismo age em sentido inverso: prioriza Deus como um bem humano passível de ser possuído por uns em detrimento de todos os demais que não pertencerem à sua concepção de como são as "coisas".

Contra essa concepção, a Tradição tem lutado. Em verdade, nunca possuiremos Deus. Apenas, com muito esforço, chegaremos a um nível de consciência magneticamente afim com a divindade.

Essa linha divisória e marcante tem distinguido as duas vertentes religiosas que vêm predominando sobre a humanidade.

Em meio a esse dualismo, todos evoluímos, pois a lei, quando necessário, afasta a Tradição da regência do destino de um povo, ou, num sentido inverso, reconduz a ela.

Quando a lei afasta um povo da Tradição, é porque ele, o povo, dela já havia se afastado. Em sentido inverso, o retorno a ela ocorre no momento em que o abstracionismo dá sinais de autoesgotamento emocional e já não atende às necessidades religiosas de seres a ele confiados em determinado estágio da evolução espiritual.

Esse embate tem sido sustentado por uma lei que nos rege e que nominamos de lei das afinidades.

Ela é tão importante na vida dos seres quanto a lei das causas e efeitos, pois em determinado momento nos aproxima e em outro nos afasta de grupos de espíritos afins.

A Tradição respeita o abstracionismo, ainda que o inverso não seja verdade, porque se isso acontecer a Tradição o anula e o absorve.

Afinal, o abstracionismo é contrário a tudo que seja hierarquia na criação. E, quando aceita a hierarquia, deixa de ser abstrato e passa a ser concreto (Tradição). O Cristianismo, um abstracionismo por excelência (o qual já vivenciamos em nossas múltiplas encarnações), no princípio fundamentava-se no cânone que diz que o único "ser" divino é Deus. Quanto ao resto, outras deidades, tudo é coisa do maligno.

Mas com o passar do tempo, os maiores absurdos emocionais os cristãos começaram a praticar, pois tornaramse a "maioria" em certas regiões.

Aí, a lei interveio e a Tradição hierarquizou o culto, impondo limites bem definidos a cada um dos praticantes ativos (sacerdotes) e passivos (fiéis), impedindo que membros despreparados assumissem a condução de grupos, desagregando-os ou os induzindo a fanatismos absurdos.

A Igreja Católica deve sua hierarquia à Tradição, que nela interveio quando toda uma religião estava ameaçada de desagregação devido aos excessos emocionais de seus praticantes. Santo Tomás de Aquino foi um expoente da Tradição.

Mas a hierarquia, por ser humana, tornou-se perversa, e a lei permitiu uma volta ao abstracionismo quando surgiu o "protestantismo", que rompeu com a hierarquia e lançou aos "infernos" todos os cânones (dogmas) da Igreja Católica.

Foi uma partição violenta e até os dias atuais o maior sonho dos abstencionistas protestantes é queimar a sede da Igreja Católica, mas isso somente depois de se apossarem de seus bens divinos (pessoas) e bens humanos (riquezas e poder).

O ato do testemunho, em que o novo "convicto" sobe ao púlpito e emocionado diz que rompeu com os adeptos do maligno é de condenação ao fogo do inferno de todos aqueles que não forem membros de seu novo grupo.

Mas o mesmo convicto, que agora cospe maldições contra os de "fora", até há pouco bebia nas fontes exteriores ao templo que o recolheu. E o mesmo que agora ele chama de adorador do maligno se amanhã curvar-se diante de sua doutrina purificadora, tornar-se-á mais um eleito.

É um paradoxo incompreensível à luz da razão, porque quem praticou um ato criminoso não se salvará simplesmente trocando de religião, de culto e de deidade.

Mas ainda temos que ouvir calados os tolos em busca do paraíso exclamarem, com empáfia, isto: "Irmãos, quando eu era católico ou espírita, ou umbandista, roubava, fornicava e blasfemava. Mas me converti, e agora estou salvo!".

Afirmam isso com tanta convicção que são dignos de compreensão: é o típico ser que, finalmente, conscientizouse de que procedia erroneamente para com Deus e com seus irmãos, mas que, por vergonha em reconhecer perante os irmãos corretos que errara, optou por ir até uma religião concorrente que não o obrigaria a purgar seus pecados, absolvendo-o por meio da conversão.

Será que aos olhos da lei o convicto ficou livre dos débitos adquiridos?

Será que Deus, o mesmo Deus de todos, irá "perdoálo" e mais adiante nada irá cobrar-lhe, depois de ter errado? Não por ter sido religioso, mas sim por ter procedido em desacordo com os cânones sagrados daquela religião (princípios éticos e morais)?

Além de serem dignos de pena, são tolos que negam a si mesmos o mesmo que impingem aos outros: o inferno como pena pelos erros cometidos.

Se só o retorno ao abstracionismo "salvador" abrisse as portas do paraíso aos que erraram, com certeza o inferno já teria sido extinto há muito tempo, porque, na agonia, todos se convertem para fugir do "diabo".

Isso é puro escapismo, que a Tradição não prega e combate. Quem falhou deve retornar e reparar as falhas cometidas contra seus semelhantes, e contra si mesmo.

Por isso a Tradição defende a reencarnação como um dos melhores recursos que a lei nos oferece para retornarmos ao "ponto" onde falhamos e repararmos nossas falhas.

A Tradição, quer queiram os abstracionistas ou não, é uma presença constante a rondar as religiões abstratas e, quando menos esperam, seus adeptos impõem-se, ordenandoas e impedindo que se desagreguem e pereçam no tempo sem que suas funções cármicas tenham sido cumpridos.

E então, ainda existem dificuldades em responder à pergunta: o que é a Tradição?

Bom, vamos recuar no tempo até eras imemoriais, num período anterior ao "divino" dos abstracionistas, e ao grande "cisma" na visão dos tradicionalistas, num tempo impossível de se precisar em anos, pois pertence a outra "era", quando não havia "religiões" tais como as concebidas atualmente.

O que havia era o culto às divindades regentes, que eram tidas na conta de mediadoras entre os dois planos da vida e realizadoras das vontades do Criador.

Havia hierarquias distintas compostas por divindades regentes que num "ir e vir" entre os dois planos mantinham o equilíbrio e a harmonia na evolução.

Essas divindades eram reverenciadas como guardiãs da Natureza e como Tronos regentes dos muitos reinos elementares existentes e que, nos pontos de forças da natureza, tinham linhas de interseção com os seres humanos.

As divindades eram conhecidas por todos e reconhecidas como responsáveis pela evolução das espécies, de todas as espécies!

Havia regentes dos mundos vegetal, animal, aquático, hominal e mineral, além dos reinos elementares.

Então, se o homem semeava a terra, realizava uma cerimônia em que a divindade responsável por sua conservação era aclamada e oferendada. E durante as colheitas, a fartura era aclamada com festas.

Eram rituais simples, mas muito afins com as divindades regentes, que se sentiam satisfeitas com as oferendas que mantinham o ser humano ligado ao restante da criação, e o conservavam como mais um elemento a integrála.

Esse período, essa era, durou muitos milênios.

Mas na evolução das espécies, a humana era a mais problemática, porque aqueles que, pelas mais diversas razões, falhassem num sentido, tornavam-se magneticamente "desafinados" com as divindades regentes e, após o desencarne, eram atraídos pelo lado ou polo negativo dos pontos de forças, em que ficavam no aguardo de uma nova encarnação, quando retomariam suas evoluções individuais no meio em que se processava a evolução geral a todas as espécies: o plano material.

Acontece que o número dos que falhavam foi crescendo desordenadamente e, nas hierarquias humanas no astral, uma tendência dissidente começou a tomar corpo e a defender uma mudança nos parâmetros que separavam os espíritos magneticamente positivos dos negativos.

Acreditavam que, misturando-os, o fim em questão, a evolução, melhor seria alcançado.

Um parêntesis aqui:

As hierarquias humanas, constituídas por espíritos agregados às hierarquias naturais pertencentes aos pontos de forças existentes na Natureza, reportavam-se a um dirigente planetário conhecido como "demiurgo", ou o responsável pela espécie humana.

O demiurgo ainda existe, mas já não responde por todos, pois as hierarquias religiosas abstratas "criaram" seus próprios demiurgos humanos.

Mas esse trono dirigente sofria uma periodicidade e, num intervalo de tempo conhecido como "ciclo", o demiurgo encarnava e seu sucessor na hierarquia assumia o trono responsável pela parte humana da evolução.

Cada demiurgo era identificado com um dos símbolos sagrados da criação, com um dos sentidos da vida e com uma das virtudes humanas.

Se um demiurgo identificado com o amor encarnasse, com certeza um fluxo planetário afinizado com sua descida para a carne e para a matéria o acompanhava e milhões de espíritos vibrando no amor reencarnavam, dando início a uma nova vibração no plano material.

A lei das afinidades respondia por esses fluxos reencarnatórios, afins com o demiurgo que descera ao nível da matéria e à carne.

E até que o ciclo regido pelo amor não se completasse, milhões de seres elementares, já atingindo seus estágios humanos da evolução, encarnavam em meio a espíritos já formados em outras encarnações.

Se o demiurgo fosse identificado com a fé, o fluxo encarnatório, pela lei das afinidades, enviaria ao plano material milhões de seres elementares identificados por suas naturezas e formações afins com a religiosidade, que atingiriam seus estágios humanos da evolução encarnando entre espíritos humanos afins regidos pelo símbolo da fé.

Desse modo a evolução humana acompanhava o demiurgo que encarnava, arejando todo o meio material humano, as relações humanas e os pontos de forças planetários responsáveis pelo equilíbrio entre os muitos reinos ou dimensões da vida.

Assim foi por muito e muito tempo. E sempre atendeu à evolução harmoniosa entre todas as espécies. Praticamente estavam integrados os dois lados da vida.

Mas, após certa época, um fluxo migratório de natureza negativa foi posto em ação para dar oportunidade a todos os espíritos agregados ao lado negativo dos pontos de forças regentes da Natureza.

A tendência dissidente dentro das hierarquias humanas, agregadas aos pontos de forças, conseguiu convencer o demiurgo da necessidade de trazer para o equilibradíssimo meio humano todos aqueles espíritos que haviam se desarmonizado emocional e magneticamente, tornando-se negativos.

O demiurgo ocupante do trono regente, partidário da tendência dissidente, e que encarnaria para dar início ao fluxo negativo, acreditem-nos, era nominado de *Lu-cy-fér*, ou *Luci-yê-fér* (= "Senhor da luz, da força, do poder", traduzindoo segundo a "língua silábica" ainda usada na Tradição).

A Tradição era contrária a esse fluxo, pois iria desagregar todo o meio humano até então em perfeita harmonia. Mas a tendência dissidente prevaleceu e os espíritos oriundos de outra célula universal, portadora de qualidades análogas às do plano terra, aqui "aportaram" e deram início às suas encarnações no meio material humano.

Esses espíritos oriundos de outro "orbe" planetário traziam um grande conhecimento e deram um impulso à criatividade humana, até então toda voltada para a conservação da vida e da Natureza.

Além do conhecimento, também trouxeram o abstracionismo puro, já vivenciado intensamente no seu orbe de origem.

E no plano material, deram início à propagação da abstração como o meio mais prático, rápido e eficiente na evolução processada no plano terra ou material.

Quando todo um fluxo preparatório havia se completado, o demiurgo Lu-ci-yê-fér encarnou para dar início a um novo ciclo evolucionista.

Lu-ci-yê-fér trazia, como missão a ser realizada, o "esvaziamento" do lado negativo dos pontos de forças da Natureza.

Mas foi cooptado por hierarquias negativas estabelecidas a partir dos espíritos oriundos de outra esfera que não se afinaram magneticamente com as divindades regentes dos muitos reinos elementares.

Ainda na carne, o demiurgo Lu-ci-yê-fér perdeu a noção e o senso do equilíbrio e acercou-se de encarnados oriundos desse outro orbe, quando então deslocou todos os espíritos agregados aos lados negativos dos pontos de forças para as esferas negativas, que existiam como pré-estágios reencarnatórios.

Nelas, os espíritos magneticamente negativos descarregavam as suas energias geradas por seus emocionais desequilibrados. Antes de reencarnarem, ali as descarregavam e se tornavam aptos para a vida na carne.

Por motivos que aqui não revelaremos, as esferas negativas haviam sofrido uma alteração nas suas funções e passaram a abrigar os espíritos "estrangeiros" que desencarnavam e eram magneticamente negativos.

Lu-ci-yê-fér serviu à lei e a um influxo encarnatório, do qual se tornou o identificador máximo. E nenhum dos seus sucessores, sustentadores do ciclo iniciado, superou-o, pois ele era o demiurgo ocupante do trono regente das hierarquias humanas agregadas ao regente natural e celestial do todo planetário, que é o mesmo desde que este mundo é "mundo".

Lu-ci-yê-fér era um ser que classificamos como um anjo celestial. E todos os anjos celestiais trazem poderes duais que, se postos em ação, alteram tudo à sua volta, ou onde "pousam" seus olhos.

O dualismo "bem e mal" veio à carne com Lúcifer, ou Lu-ci-yê-fér. E no decorrer dos tempos, os rituais de fertilidade realizados em honra à divindade regente da vida assumiram o aspecto de orgias, em que o prazer da carne substitui a satisfação da fertilização.

Tudo isso, e muito mais, Lúcifer "semeou" em sua "passagem" pelo plano material, porque afastou-se da Tradição e entregou-se ao abstracionismo nascente, para cá trazido por um fluxo migratório extraterreno.

Lu-ci-yê-fér desencarnou tão negativo que foi atraído para a mais densa das esferas negativas em que, pela lei das afinidades, foi enviado quando seu cordão de ligação com o corpo material se rompeu.

Ele, sabedor do fim que o aguardava, ainda tentou permanecer no plano físico buscando o elixir da longa vida, elixir este que deu origem ao mito da fonte da juventude eterna.

Quase conseguiu, pois seus pesquisadores chegaram a decodificar a gênese humana que ocorre no núcleo celular. Mas foi traído pelo seu sucessor natural no trono material que então ocupava e ... morreu!

Mas não pereceu. Seus princípios negativos prosperaram com tanta força, que anjos celestiais foram enviados, pela Tradição que o combatia, ao meio carnal humano. E até hoje um embate se realiza nos dois lados da vida entre esses anjos celestiais lançados na carne.

Ora um se impõe sobre Lúcifer e o anula num sentido, mas infelizmente falha em outro, e a luta continua.

Nós podemos citar alguns anjos celestiais afastados de seus pontos de forças na Natureza e integrados ao grande ciclo reencarnatório regido por Lu-ci-yê-fér: Moisés, o hebreu; David, o levita; Akhenaton, o egípcio; Krishna, o védico; Hermes, o dórico; Sócrates, o grego; Platão, o dórico; Zaratustra, o persa; Salomão, o levita. E muitos outros que antecederam a descida do demiurgo que sucedeu a Lu-ci-yê-fér no trono regente das hierarquias humanas agregadas ao regente planetário: Jesus, o Cristo.

Todos os anjos celestiais integrados ao ciclo reencarnacionista foram enviados ao plano material pelo demiurgo sucessor de Lu-ci-yê-fér, com a missão única de restabelecer a harmonia outrora sustentada pela Tradição, que mantinha o ser humano em perfeita sintonia com os regentes da Natureza.

Muitos outros anjos celestiais, todos ocupantes de degraus das hierarquias dos regentes planetários, foram lançados no ciclo reencarnacionista para "combater" as tendências abstracionistas concretizadas no plano material por Lu-ci-yê-fér, o demiurgo encarregado de preparar o meio material para que todos os espíritos que haviam falhado reencarnassem, reequilibrassem-se e se harmonizassem com a Natureza, voltando assim a evoluir em harmonia com a evolução que se processa de forma geral e que abrange tanto os planos do ser humano quanto os muitos reinos ou dimensões da vida habitados por seres elementares.

A luta está apenas em seu início. O tempo em que os anjos celestiais acima citados se destacaram foi somente a preparação de um novo ciclo que ainda não começou, porque o ciclo regido por Lu-ci-yê-fér atrasou em muitos milênios a evolução de bilhões de seres, tanto humanos retirados dos lados negativos dos pontos de forças quanto de seres elementares que, durante o ciclo regido por ele, entraram em seus estágios humanos da evolução, assim como na evolução do fluxo extraplanetário, que o envolveu e o conduziu às esferas negativas.

E o ciclo Lúcifer não se completará enquanto o próprio não retornar ao seu degrau de origem, não mais como um demiurgo, mas tão somente como um regente cósmico de natureza negativa.

E como isso ele não aceita, só nos resta aperfeiçoarmonos, na medida do possível, e auxiliarmos os semelhantes nas evoluções, desligando seus mentais do mental negativo de Lúcifer. Só assim, anulando-o mentalmente, libertá-lo-emos do ciclo regido por ele, que o aprisionou nas trevas da ignorância e da intolerância religiosa abstracionista, concretizadas por ele no plano material e levada às esferas espirituais pelos membros dissidentes da Tradição, que abriram e sustentam uma nova vertente religiosa, tanto na luz quanto nas trevas.

A tendência abstracionista permanece ativa até a terceira esfera ascendente, passiva da quarta à sexta e se dilui na sétima, voltando a integrar-se nas hierarquias celestiais do Logos Planetário Natural, regente do todo planetário, que é o mesmo desde que este mundo é mundo.

No Ritual de Umbanda Sagrada, o regente do todo planetário é chamado de Oxalá yê ou "Senhor da luz da vida".

O Ritual de Umbanda Sagrada foi criado pela Tradição para que atraísse todos os espíritos humanos que não aceitam a tendência abstracionista após o despertar para as verdades ocultas sobre a criação, as criaturas e o Criador.

A Tradição, acompanhando a evolução dos espíritos humanos, criou no decorrer do séculos, tanto no plano espiritual quanto no material, muitas ordens iniciáticas que não aceitam o abstracionismo como um fim em si mesmo, pois ele é apenas um meio humano de arregimentação de espíritos que falharam em algum ponto ou "sentido" em suas evoluções.

As ordens iniciáticas, todas elas, são regidas por princípios fundamentais da Tradição que lhes dão sustentação nos dois lados da vida.

Quando as religiões abstratas começaram a se expandir novamente num passado recente e destruíram os cultos da Natureza sustentados pela Tradição, em que evoluções naturais ocorriam, ela, a Tradição, começou a arregimentar, ao redor dos dois lados dos pontos de forças da Natureza, milhões de espíritos humanos para que dessem início ao culto dos Orixás nas Américas.

Essa arregimentação se processou em vários, ou melhor, em todos os níveis magnéticos, energéticos, vibratórios e consciênciais. E quando no astral tudo estava pronto, começou o "derrame do dom da incorporação" no plano material que, aos poucos, foi delineando um movimento espiritualista com duas vertentes: uma pura, fundamentada na Tradição, e outra mista, fundamentada no abstracionismo.

Mais uma vez o demiurgo regente do atual ciclo carnal gargalhou satisfeito, pois entre os espiritualistas o abstracionismo logo se "apossou" do movimento espírita, enquanto a Tradição se assenhoreou do Ritual de Umbanda Sagrada, extraído do ritual puro do culto dos Orixás regentes da Natureza, conservados na África desde tempos imemoriais, e anteriores ao cataclisma que desintegrou toda uma ordem estabelecida que se dividira entre abstracionistas e naturalistas, estes adeptos da tradição do culto aos regentes da Natureza, que na África, em seu "coração", foram denominados de Orixás, ou "senhores do alto".

Aqui fecho o parêntesis, voltando à Tradição propriamente dita.

Pois bem:

A Tradição, nas hierarquias humanas agregadas aos pontos de forças da Natureza, sustentou os rituais religiosos naturais praticados por milhões e milhões de espíritos humanos encarnados, em que prevaleceu o sentido tribal de vivenciação da vida. Quando o abstracionismo voltou a expandir-se, primeiro com o Cristianismo, e depois com o Islamismo, onde quer que um fiel abstracionista desembarcasse, encontrava rituais religiosos ligados à Natureza.

Nas Américas, encontraram os cultos naturais, desde o extremo norte até o extremo sul. Na África, também. Na Oceania, Índia, Ásia e Extremo Oriente, onde havia povos que nunca antes tinham se contatado, encontraram cultos naturais em que as divindades regentes da natureza recebiam suas oferendas naturais, perpetuando a comunhão entre o ser humano e a Natureza que o sustentava. E todos esses cultos naturais eram, e ainda são, sustentados pela Tradição.

Assim, Tradição é a integração do ser com o meio em que vive para que melhor e mais naturalmente evolua.

Nos rituais naturais não existia o mito Lúcifer, ou a divisão entre o bem e o mal, tal como há nas religiões abstratas, originadas a partir da encarnação do demiurgo *Luci-yê-fér*.

Mas não pensem que a Tradição, se perfeitamente em acordo com as leis nos níveis superiores, seja-o nos níveis inferiores, em que se localiza o plano terra-espírito. Foi por deficiência na concretização de seus princípios que os pontos de forças da Natureza, em seus lados negativos, sobrecarregaram-se de espíritos humanos que haviam falhado em vários dos seus sentidos da vida, tornando-se magneticamente negativos devido a desequilíbrios emocionais.

Tanto a Tradição quanto o abstracionismo têm princípios que, se seguidos à risca, conduzem o ser a elevadíssimos níveis conscienciais, em que todos os seres se integram com o demiurgo natural regente do todo planetário.

O problema é concretizar nas mentes dos encarnados esses princípios regentes de "todas" as naturezas.

Assim, ora sob o manto protetor das religiões abstratas, ora sob o véu diáfano da Tradição, todos vamos, pouco a pouco, evoluindo rumo ao nosso "fim divino".

E agora, já sabem o que é a Tradição? Não?

Bem, então, quando alguém lhes perguntar o que é esta tal Tradição, tão citada pelos iniciados e tão pouco explicada, já que até eles a desconhecem, respondam assim: "Tradição? Bom, segundo ouvi dizer, a Tradição é um colégio de magos responsáveis pela ordem e os bons costumes dentro de todos os rituais religiosos e iniciáticos, que velam o tempo todo para que as hierarquias espirituais sejam respeitadas e nunca quebradas por esta nossa faculdade inata em desafiar Deus".

Simplificando, Tradição é a conservação do que é bom, útil e necessário a uma evolução equilibrada em todos os sete sentidos da vida.

Consagração às Essências Elementares

Nefas — o fluido vital

Muitos pensam que o "prana" é composto de um só tipo de energia, mas isso não é verdade.

O prana, sustentador da vida em todo o cosmos, é uma energia composta, até onde nossos recursos nos permitiram diferenciá-la, de 77 tipos de energias ou fatores puros.

Um átomo é, comparado aos fatores que formam o prana, tão grande quanto o Sistema Solar em relação ao planeta Terra.

Se conseguimos isolar e catalogar 77 "fatores" fluindo na forma de energia dentro do prana, isto só nos foi possível estudando as energias circulantes nos pontos de forças da Natureza, existentes dentro da faixa celestial.

Tal como no plano material, os químicos e físicos já descobriram uma centena de elementos puros; nós localizamos nos pontos de forças a presença de 77 padrões de energias ou "fatores puros".

O mais incrível foi descobrirmos que sete padrões se destacam. E entre estes, o fluido vital que nomeamos. Nefas, ou "oceano vivo", possui onze subpadrões distintos.

Oceano porque é imensurável e espalha-se por todas as dimensões da vida, ou seja: o mesmo "Nefas", que circula ou flui no plano material, flui no espiritual, no elemental aquático, no celestial e no cosmos. Ele não sofre descontinuidade!

Nefas é, o resto em Nefas está.
Nefas é princípio vital, o resto vive em Nefas.
Nefas é gerador, o resto é gerado em Nefas.
Nefas é formador, o resto forma-se em Nefas.
Nefas é alimentador, o resto alimenta-se de Nefas.
Nefas é vitalidade, o resto vitaliza-se em Nefas.

Nefas é princípio, e encontra seu oposto magnético em Agni, o fogo vivo que aquece, pois é o calor da vida.

Nefas é o meio aquático planetário, em que auxilia a gerar vidas.

Nefas é o meio aquático celular, que sustenta o metabolismo celular.

Nefas é a umidade fértil dos órgãos reprodutores dos vegetais, animais, sejam eles insetos, peixes, aves, etc.

Nefas é a linfa que circula por todo o corpo humano.

Nefas é toda corrente ou fonte de água doce que fecunda o planeta Terra.

Nefas é oceanos e mares.

Nefas é a chuva e as gotículas que tornam o ar respirável.

Nefas é o fluido que mantém úmido o sexo, e o fertiliza.

Nefas é o fluido através do qual os pensamentos flutuam, fluem ou naufragam.

Nefas é a energia conhecida como amor.

Nefas é o próprio amor.

Nefas é o princípio feminino irradiado pelo Criador. Nefas é a grande mãe que alimenta com seus fluidos vitais todos os seus filhos (criaturas e criações).

Nefas é tudo isso e muito mais, porque Nefas é um princípio divino emanado da fonte de tudo: Deus.

Nefas é Deus!

Agni — o calor vital

Agni, tal como Nefas, está presente no "prana".

Agni é um fogo que possui, dentro do todo planetário, onze subpadrões vibratórios, abrangendo sem interrupção todas as dimensões da vida no todo que habitamos.

Agni aquece, pois é energia ígnea viva que está em todos os lugares e em tudo, uma vez que Agni é, e o resto em Agni se fortalece, absorvendo seu calor vital.

Agni é o calor do sangue e a energia ígnea que as células geram fornecendo energia aos seres.

Agni é o calor que imprime movimento aos elementos, aumentando suas temperaturas interiores.

Agni é o fogo divino que anima a fé nos seres.

Agni é o calor humano.

Agni é a própria fé viva que inunda os seres e os anima a confiar nos seus semelhantes.

Agni é a energia viva, de natureza ígnea, que ativa a "lei" e purifica os seres humanos.

Agni é o calor que vitaliza o sexo despertando nele o desejo.

Agni é o calor que anima os diálogos e as orações.

Agni é o magnetismo que impulsiona os seres em seus amores.
Agni é o próprio calor do amor.
Agni é o fluido ígneo que aquece os corações despertando a sensibilidade.
Agni é o calor da justiça que recoloca cada um e cada coisa no seu devido lugar.
Agni é a própria justiça, porque Agni é tudo isso e muito mais.
Se Nefas é a mãe universal, Agni é o pai, pois ele é o princípio que a torna fértil, aquecendo-a e tornando-a geradora de vidas.
Agni é o calor que anima a vida, é o calor da fé.
Agni é a fé.
Agni é Deus!

Om — o sopro vital

Om, tal como Nefas e Agni, está no "prana" e possui onze subpadrões energéticos.
Om é energia aérea que circula por todas as dimensões da vida em nível planetário ou sideral.
Om é o ar.
Om é, todo o resto em Om está.
Om é o verbo, em Om todos os sons estão.
Om é expansão dos pensamentos, dos desejos e das vontades.
Om é comunicação e aproximação dos seres.
Om é o "oxigênio" da vida que sustenta toda a criação e todas as criaturas.
Om é a manifestação criadora do verbo.
Om é o meio em que a luz se propaga.
Om é o meio em que o amor, aquecido por Agni, irradiase em todas as direções e inunda a todos indistintamente.
Om é a manifestação da fé por meio da oração.
Om é a fé no verbo.
Om é aéreo e expande o magnetismo humano dos que amam.
Om é o ar vital que alimenta todo ser e toda criação.
Om é a expansão de Nefas aquecido por Agni.
Om é o sentimento que se expande, que envolve, acolhe e absorve.
Om é o crescimento interno e externo dos que creem, confiam e amam.
Om é o som, a palavra e a sonorização dos sentimentos íntimos.
Om é o suspiro de amor, a exclamação de confiança e o externar do êxtase, pois só em Om os delírios desaparecem.
Om é o refrigério da alma.
Om é a alma.
Om é Deus!

Sirach — o poder vital

Tal como Nefas, Agni e Om, Sirach, a energia terrena, tem onze subpadrões energéticos dentro do todo planetário.

Sirach é, o resto em Sirach está.

Sirach é a forma, o resto por ele é formado.

Sirach é o poder que sustenta o amor aquecido, que assim se expande continuamente, pois tem um sustentador.

Sirach é a razão que sustenta os princípios vitais.

Sirach é o próprio todo planetário, pois o amoldou e sustenta cada uma das dimensões em seu meio próprio.

Sirach é a terra, a forma, a solidez!

Sirach é força, é poder, é lei.

Sirach é a própria lei.

Sirach é Deus.

Sirach modela a fé, o amor e os sentimentos.

Sirach dá forma às múltiplas manifestações de Nefas, modelando vidas.

Sirach amolda Agni em Nefas, pois só assim Om leva a todos a segurança do amparo divino às criaturas, assim como a toda a criação.

Sirach é a terra que sustenta as vidas geradas em Nefas, aquecida por Agni e expandida por Om.

Nefas é o amor, Agni é a fé, Om é a manifestação e Sirach é a sobrevivência.

Sirach é a própria vitalidade.

Sirach é o poder manifesto.

Sirach é Deus!

Sirach é a perenidade das formas.

Sirach é a gravidade que sustenta cada corpo sideral no seu devido lugar.

Sirach é o fundamento de tudo.

Sirach é a pedra fundamental.

Sirach é a segurança, o apoio e a firmeza.

Sirach é o molde divino que amolda todas as manifestações.

Sirach é a razão e a firmeza inquebrantável da lei.

Om é a onisciência, Agni é a onipresença, Nefas é a oniquerência e Sirach é a onipotência.

Om é o verbo manifesto, Agni é o fogo vivo, Nefas é a água vital e Sirach é a solidez da razão.

Om é expansão, Agni é ativação, Nefas é envolvimento e Sirach é perenidade.

Sirach é perene porque é eterno.

Sirach é a própria eternidade.

Sirach é Deus!

(Canto de Inaê Iabá por Niyê He Ialutá Haiim tem absorvido Nefas, Agni, Om e Sirach, passando a irradiá-los em todos os sentidos.)

Os Estágios Evolucionistas do "Ser" Humano

Comenta: Caboclo Pena Dourada, M. L.

O ser humano, tal como hoje o vemos, não é o que aparenta ser, uma vez que ele vivencia apenas um estágio de sua evolução, que já comportou estágios anteriores, essenciais para que o estágio posterior fosse alcançado.

Em nossos estudos e observações, identificamos três estágios anteriores e três posteriores ao atual estágio humano:

Estágio original
Estágio dual
Estágio tridimensional
Estágio tetradimensional ou humano
Estágio cósmico
Estágio universal
Estágio celestial ou angelical

O estágio original passa-se num meio energético puro, ou seja, onde o ser é uma energia viva, vivendo onde existem apenas energias elementais que, para melhor compreensão, nomeamos de reinos elementares, quais sejam: reino aquático, terroso, ígneo e eólico.

Cada um desses reinos ocupa uma dimensão totalmente isolada das outras, que não se tocam, entrecruzam ou comunicam, porque são reservadas única e exclusivamente para essa "gestação" do ser original.

Assim entendido, um ser de um meio aquático vive da absorção de energias aquáticas puras, muito mais sutis que as energias que observamos estarem sendo irradiadas pelo elemento água no universo em que vivemos, ou seja, o mundo material, em que a água serve para os animais, os vegetais, etc.

Na dimensão ou reino aquático, não há descontinuidades. Todo o reino é formado por um único elemento: a água, ou energia líquida pura, já que energias líquidas compostas por dois ou mais elementos existem em nossa dimensão.

Para uma melhor compreensão, em química identificamos a substância água como sendo formada a partir da ligação eletrônica de um átomo de oxigênio com dois de hidrogênio.

Já no reino aquático ou reino elementar da água, o átomo seria "grande" demais para sua sutileza energética e plasmática, pois esse reino é na verdade um grande plasma. Por isso nós o chamamos de reino original

Temos nesses reinos seres que não têm uma forma definida, mas tão somente uma formação que os torna visíveis, pois possuem um "corpo" semelhante, para explicações, ao das células humanas. Assim, possuem uma membrana que os "individualiza" no meio energético onde vivem.

Esse ser original não possui olhos, boca, ouvidos, mãos, pés, etc., mas tão somente pontos pouco visíveis que têm por função absorver energias do meio em que vivem ou descarregar nele as energias que em seu "metabolismo" interno gera e precisa expelir.

Relacionamos esses pontos aos centros de forças energéticas chamados de chacras.

E realmente são chacras, ainda delicados na sua formação, porque são requisitados para absorver energias por demais "finas", se comparadas aos chacras dos seres humanos, requisitados para absorção de energias compostas.

Esse ser ainda original já traz em si, no seu "alto", um centro que, posteriormente, identificaremos como o mental humano, ou "núcleo da vida".

Nesse centro ou núcleo vital, localiza-se o código genético do ser, que irá sustentá-lo para sempre, pois jamais sofrerá qualquer alteração em sua forma ou dimensão (tamanho).

As várias alterações que sofrerá provocarão uma densificação, o que tornará esse ser apto a suportar energias compostas e muito mais "densas", que ele terá que absorver nos estágios evolutivos posteriores.

Observando esses seres originais, vemos em seus mentais milhares de micropontos luminosos que irradiam energias geradas dentro deles, e que seguem através de finíssimos canículos, derramando-se em pontos específicos do "corpo plasmático".

Seguindo nossas observações, anotamos que quando uma região em torno de um chacra está sobrecarregada de uma energia gerada no interior do mental, o chacra "incha" e está pronto para passar adiante as energias acumuladas ao seu redor.

Essa transferência se processa de três maneiras:

Na primeira, o ser sobrecarregado lança suas energias no meio em que vive, e nele elas de diluem, desaparecendo. Isso só acontece com o chacra umbilical, o laríngeo e o frontal.

Na segunda, o ser posiciona-se entre vários outros, e seu chacra coronário (no alto) irradia as energias acumuladas, absorvidas pelos que estão à sua volta.

Na terceira, o ser liga-se a outro não sobrecarregado por meio do seu chacra básico e passa para ele toda ou parte da sobrecarga energética.

No primeiro caso, identificamos o ser original fortalecendo o meio em que vive; no segundo caso, o ser fortalece seus semelhantes indistintamente; no terceiro caso, identificamos o ser energizando um semelhante específico.

O ser original, à medida que vai evoluindo, acumula cada vez mais energias em torno de seus chacras e, quando chega a certo ponto, todos os seus "pontos de forças" se encontram vibrando continuamente e todo o plasma adquire uma tonalidade mais forte que o destaca da média dos seus semelhantes. É chegado o momento de ele ser conduzido ao estágio dual de formação de seu corpo energético.

No estágio dual, o ser original irá conviver com energias que o estimulam ou o neutralizam. O meio será bipolar, ou seja:

```
1 – água-ar       (+ -)
2 – água-terra    (+ +)
3 – água-fogo     (+ -)
4 – ar-água       (- +)
5 – ar-terra      (- +)
6 – ar-fogo       (- -)
7 – fogo-água     (- +)
8 – fogo-terra    (- +)
9 – fogo-ar       (- -)
10 – terra-água   (+ +)
11 – terra-ar     (+ -)
12 – terra-fogo   (+ -)
```

O sinal (+) identifica elementos passivos, e o sinal (-) identifica elementos ativos.
água e terra = (+)
fogo e ar = (-)

Observem que, no estágio dual, existem muitas combinações energéticas e um número correspondente de dimensões que são ocupadas pelos seres em suas evoluções duais. Essas combinações assim se reduzem:

+ + = passivo - passivo
- - = ativo - ativo
+ - = passivo - ativo
- + = ativo - passivo

O fato observado é que um ser original alcança uma evolução energética tal que ele chega a uma dimensão ou reino onde duas energias diferentes se unem e formam um novo reino de dupla polaridade magnética.

Tomando o primeiro caso, temos na água o polo positivo e no ar, o negativo; no segundo caso, temos dois polos positivos; no terceiro caso, voltamos à dupla polaridade.

A absorção de energias, ora positivas, ora negativas, irá alterar totalmente a estrutura, as reações e as irradiações do ser antes original. Com isso, aos poucos irá se formando nele um magnetismo que o ajudará a absorver apenas as energias que lhe são necessárias para que não fique paralisado devido a um "adensamento" energético.

No primeiro caso, seres diferentes (um proveniente de um meio aquático e outro de um meio aéreo) convivem num meio em que o aquático formará um magnetismo mental positivo, e o aéreo, um mental negativo.

Assim, haverá uma atração natural entre seres oriundos de meios energéticos diferentes.

Nesse ponto, identificamos os primeiros sinais de formação das atrações ou repulsões (simpatia ou antipatia) naturais nos futuros seres humanos. Nesse estágio, as trocas de energias entre os seres ainda é feita por meio dos pontos de forças ou chacras, e já notamos o surgimento do chacra sacro, o responsável pela emissão de energias geradas internamente, que no futuro ser humano serão energias de ordem sexual.

Nesse estágio, o ser ainda é elemental, mas já adquire cor, ou seja, assume uma tonalidade visível e as energias que irradia têm cor.

Essa cor já se diferencia da tonalidade marcante da energia dual que forma o meio. E isto facilita a observação dos seres elementais em seus estágios duais de evolução.

É nesse estágio que surgem, ou se tornam visíveis, os chacras secundários, que tanto absorvem como irradiam energias. E, quando eles alcançam suas potências máximas, significa que o ser está pronto para ser conduzido ao terceiro estágio de evolução, ou estágio trienergético, pois já possui um mental altamente magnético e seu corpo elemental alcançou seu equilíbrio energético, tornando visível aos nossos olhos estruturas em muito semelhantes aos órgãos internos do corpo humano.

Podemos divisar nesses seres, já aptos a ingressar no terceiro estágio evolutivo, órgãos com funções específicas, pois as energias absorvidas pelos chacras acumulam neles e a partir deles, onde se juntam a outras energias internas, circulam dentro do ser, irrigando todo o seu corpo elemental.

Do estágio dual ou bidimensional ou bienergético, o ser é conduzido a outro reino ou dimensão, em que a formação energética é composta de três elementos, que podem ser:

1 – água-fogo-ar   (+ - -)
2 – água-fogo-terra   (+ - +)
3 – água-ar-terra   (+ - +)
4 – água-ar-fogo   (+ - -)
5 – água-terra-ar   (+ + -)
6 – água-terra-fogo   (+ + -)

7 – ar-terra-fogo   (- + -)
8 – ar-terra-água   (- + +)
9 – ar-fogo-água   (- - +)
10 – ar-fogo-terra   (- - +)
11 – ar-água-terra   (- + +)
12 – ar-água-fogo   (- + -)
13 – fogo-ar-água   (- - +)
14 – fogo-ar-terra   (- - +)
15 – fogo-água-terra (- + +)
16 – fogo-água-ar   (- + -)
17 – fogo-terra-água (- + +)
18 – fogo-terra-ar   (- + -)
19 – terra-ar-água   (+ - +)
20 – terra-ar-fogo   (+ - -)
21 – terra-água-fogo (+ + -)
22 – terra-água-ar   (+ + -)
23 – terra-fogo-ar   (+ - -)
24 – terra-fogo-água (+ - +)

Essas 24 combinações podem ser reduzidas assim:

++-
--+
+-+
-+-
-++
+--

Os sinais das energias elementais puras são estes:

Terra = +
Água = +
Fogo = -
Ar= -

Nas 24 combinações, o primeiro sinal é o reino onde o ser viveu seu primeiro estágio elemental. É o estágio original!

O segundo sinal é o meio bienergético ou dual, porque é formado a partir de energias oriundas de duas dimensões diferentes. É o estágio bidimensional.

Já o terceiro sinal é o novo elemento que o ser irá absorver devido ao magnetismo que formou em seu mental no estágio dual.

Por exemplo, se pegarmos estes sinais (+ + -), identificamos um ser aquático que no seu estágio dual absorveu a energia terra e formou um magnetismo positivo; ou se pegarmos os sinais (- - +), temos um ser fogo que absorveu ar e formou um magnetismo negativo.

O magnetismo positivo torna o ser passivo.
O magnetismo negativo torna o ser ativo.
Entenda-se passivo como sinônimo de calmo, acomodado, paciente, etc. E ativo como agitado, irrequieto, impulsivo, etc.

Entendam-se os termos positivo e negativo como qualidades ou natureza dos seres em estudo, nunca como virtudes ou defeitos a eles relacionados no meio material.

No primeiro caso (+ + -), significa que o ser aquático absorveu a energia terra e criou um magnetismo mental concentrador (passivo). Então, ele absorverá uma terceira energia que elevará sua "temperatura" tornando-o menos concentrado e obrigando-o a vibrar com mais intensidade.

Já no segundo caso, temos um ser do fogo que absorveu ar e tornou seu magnetismo mental muito ativo (expansivo). Então, ele irá absorver água, que abaixará sua "temperatura", auxiliando-o a se concentrar.

Se observarmos os 24 sinais triplos listados, veremos que no primeiro temos (+ - -) ou (água-fogo-ar).

Temos então um ser originário da água que absorveu o elemento fogo e formou um magnetismo ativo (expansivo), pois a água, ao ser aquecida, tende a evaporar-se e espalhar-se no ar. Ao ser conduzido a um novo reino em que irá absorver energias aéreas, seu magnetismo ativo (quente) será resfriado pelo ar, e sua temperatura (energias) irá baixar um pouco, mas nunca a ponto de anular o ser, pois, se por um lado esfria as energias circulantes dentro do corpo do ser, por outro lado alimenta seu mental, já que o fogo se alimenta do ar.

Por abordarmos este assunto apenas como um comentário, não vamos nos aprofundar muito, mas há toda uma ciência espiritual que estuda o ser humano desde seu estágio original até o atual, fazendo um "histórico" energético tão profundo que o ser fica totalmente identificável, reconhecível e... previsível, tal como os astrólogos fazem ao estudar uma pessoa a partir de seu signo, ou data de nascimento.

Mas o que os astrólogos fazem é somente um apanhado parcial, pois trazem apenas informações relativas ao estágio atual de evolução do ser humano, traçadas em seu mapas. E observem que os bons astrólogos conseguem traçar um perfil bastante próximo da natureza do ser que estudam. Imaginem se tivessem acesso ao "passado" ou aos estágios puro, dual e trienergético de alguém! Poderiam prever até o alimento, a diversão ou o tipo do oposto sexual que mais "apreciariam".

Mas, voltando ao terceiro estágio evolucionista do hoje ser humano, é nesta dimensão trienergética que ele terá acesso à formação de faculdades que o tornarão apto a alcançar seu quarto estágio da evolução, em que quatro reinos elementais estarão fornecendo energias. E formando o estágio tetradimensional ou tetraenergético.

No terceiro estágio, o ser absorve mais um tipo de energia, densifica-se ainda mais e começa a assumir "feições" humanas. Em seu corpo energético, já são visíveis formas, ainda que sutis, muito sutis! Quando alcança sua formação completa nesse estágio, o ser já possui olhos, boca, ouvidos, narinas, membros e um sexo definido (macho ou fêmea), mas, como dissemos, ainda muito sutis.

É nesse estágio tridimensional, ou estágio composto por três energias elementares, que o ser começa a perceber o som como manifestação de vontades ou desejos.

Nos dois estágios anteriores, ele comunicava-se com os semelhantes unicamente por vibrações mentais. Mas, nesse terceiro estágio, o ser, devido ao surgimento de órgãos destinados a funções específicas, é colocado em contato com o som. Ainda não existe uma divisão silábica, mas tão somente o som semelhante a notas musicais, ainda que não melódico.

Para um ser dizer "terra", ele emite um som grave e de certa duração e entonação monocórdica.

O mesmo se aplica se ele disser água.

Ele não falará á-g-u-a. Apenas emitirá um som médio, numa entonação única e com duração própria, um curto mantra!

Esta é a verdadeira língua-mãe de todas as línguas que são faladas no quarto estágio da evolução do ser, o tetradimensional, ou estágio formado por quatro tipos de energias.

Provarmos, não é possível, mas em nossas observações descobrimos que nesse estágio o corpo energético possui fontes receptoras de som em três níveis:

1º – nível mental,
2º – nível energético,
3º – nível sensorial.

No primeiro nível, o ser capta, via mental, ondas magnéticas; no segundo, sente ondas energéticas; no terceiro, ouve ondas sonoras.

A não silabação do som educa o "ouvido" do ser, assim como o ajuda na vocalização dos sons ou mantras.

Esse processo dura muito tempo, mas é durante o aprendizado que o ser também aprende a ativar campos energéticos a partir da repetição monocórdica de certos sons.

Identificamos nessa prática o recurso que, no quarto estágio, o ser chamará de oração, canto litúrgico ou mantra.

Também identificamos o sexo como um dos elos entre seres de natureza masculina e feminina, em que um, em um estágio mais evoluído, não se afasta do seu par oposto devido a uma troca de energias sexuais muito satisfatória.

Nesse ponto de nossas observações, identificamos nessa ligação poderosa o princípio da fidelidade.

Noutros pontos, observamos o princípio da fé, da instrução (saber), do aprendizado (conhecimento), do amor (amparo mútuo), etc.

Que fique claro aqui que somente no terceiro estágio da evolução, surgem mais ou menos definidos nos seres, nos corpos energéticos, órgãos que identificamos como "sentidos", ou desdobramentos das faculdades e qualidades do ser.

Para desfazermos algumas "inverdades" veiculadas nos meios espiritualistas, devemos assinalar que, no terceiro estágio de evolução do ser, com o surgimento dos órgãos sensoriais, detemo-nos demoradamente no estudo daquele que classificamos como o sétimo sentido da vida, ou o sexo, e descobrimos que:

1) um ser não traz em sua herança genética ancestral a duplicidade de naturezas sexuais;

2) um ser, por sua natureza e genética, é macho ou fêmea, nunca bissexual;

3) não foram encontrados seres naturais portadores de dois sexos;

4) que um ser sempre teve uma natureza masculina ou feminina, nunca as duas;

5) que tudo o que dizem sobre seres bissexuais é uma teoria veiculada no meio material, não sabemos por quem, mas difundida por muitos;

6) que, se um ser é macho, tanto seu corpo energético quanto seus órgãos, assim como seu magnetismo energético, é de natureza masculina, possuindo uma escala limitada em que são captadas as energias que irradia;

7) que, se em algum tempo o ser, hoje humano, foi um hermafrodita ou andrógino, esse estágio escapou às nossas observações, ou então se localiza numa dimensão ou estágio anterior àquele em que o ser pode ser considerado no seu "estado original elementar".

E, se fazemos essa "ressalva", é porque quando estudávamos o ser com o uso de um "polarômetro magnético", podíamos saber se possuía natureza masculina ou feminina, mesmo quando ainda estava no estágio dual ou no original. Então, retornávamos ao reino bidimensional e, analisando-os novamente, descobrimos aspectos que posteriormente foram reencontrados no ser já em seu estágio humano. São estes os aspectos:

1º – o ser de natureza masculina acumula uma energia, seja ela sexual ou em outros sentidos, com uma tonalidade mais forte ou acentuada que o ser de natureza feminina;

2º – que o ser "macho" tanto irradia como absorve as energias da "fêmea", de forma segmentada, ou seja:

a) ao irradiar, ele o faz sob a forma de pulsações, e aí já identificamos o princípio da "ejaculação" no macho;

b) que o ser fêmea se descarrega energeticamente num *continuum*, quando alcança a vibração adequada que "abre" seu ponto de força ligado ao macho, enviando-lhe todas as energias acumuladas numa irradiação sem pulsação e sem interrupção. E aí identificamos o princípio do "orgasmo" feminino, que se processa exatamente assim: uma descarga contínua de energias de natureza sexual.

Como havíamos descoberto a diferença de tonalidades entre o macho e a fêmea, retornamos ao estágio original ou puro e, mesmo ali, encontramos a divisão sexual. Seres identificáveis como machos, pois se assemelham em tudo, têm um magnetismo tão acentuado que o ponteiro do polarômetro magnético sai de seu estado de repouso e gira em sentido horário a uma velocidade altíssima, enquanto um ser fêmea faz o mesmo ponteiro girar na mesma velocidade, em sentido anti-horário.

Os radiestesistas sabem como identificar essa diferença de polaridades com o uso de pêndulos magnéticos, identificadores de magnetismo.

Nessas observações, descobrimos que a produção interna de energias puras por um ser tornava muito mais fácil para nós o estudo dos sentidos por meio das energias que os seres humanos irradiam.

Daí em diante, passamos a dedicar maior atenção ao corpo elemental do ser humano em estudo.

Sim, porque o primeiro corpo que o ser, hoje humano, possuiu (e ainda possui!) é seu corpo elemental.

Nesse corpo elemental básico vão "acontecendo" desdobramentos que acumulam energias concentradas em certos pontos específicos que, no terceiro estágio, darão lugar a órgãos dos sentidos e a aparelhos com amplas funções, porque os múltiplos tipos de energias absorvidos pelos chacras se concentram nesses órgãos e aparelhos e dali, após uma elaboração interna em que as energias absorvidas são "transformadas", começam a circular por todo o corpo energético do ser, "alimentando-o".

Como não nos foi aberto nenhum estágio anterior ao estágio elemental puro pelo nosso "guia mestre", um ser "angelical", anotamos então como sendo o corpo elemental o primeiro corpo plasmático do ser, hoje humano.

Esse corpo, no estágio bienergético, condensou em seu todo mais um tipo de energia e fortaleceu o ser em seu magnetismo mental, pois é nesse estágio que se desdobra o corpo emocional. No terceiro estágio, desenvolve-se o campo percepcional, desenvolvendo os sentidos, dos quais o ser não prescindirá em seu quarto estágio evolutivo.

Aqui fazemos uma observação fundamentada em estudos que realizamos, supervisionados por um ser "angelical", no qual nos demoramos exatos 273 anos, se contarmos o tempo gasto segundo os parâmetros terrenos. Nós os iniciamos em de 1107 d.C. e os concluímos no ano 1380 d.C. (observação do espírito Aristóteles).

Por isso, e por muitas outras observações realizadas, afirmamos que se em algum estágio o hoje ser humano foi um andrógino, isto é anterior ao seu estágio enquanto elemental puro, ou ser original.

Mas podemos revelar que quando alcança seu limite de evolução dentro de um estágio, o ser é conduzido naturalmente (por atração magnética) a uma nova faixa energética altamente magnetizadora, existente dentro da própria dimensão em que se desenvolveu, que o "prepara" para seu estágio seguinte.

Mais não revelamos, pois aqui estamos apenas "comentando" os estágios evolucionistas do ser humano.

Poderíamos abordar o assunto "alma gêmea" aqui, entretanto por não termos encontrado esses seres gêmeos, mas tão somente seres "afins" energética e magneticamente, que continuem os estudos a partir das informações que aí no plano material vocês já possuem.

Aqui nos damos por satisfeitos em esclarecer que no plano material jamais houve ou existirá uma única "língua falada" por todos. Essa "língua" existe apenas no estágio tridimensional ou trienergético do ser hoje humano, mas que num passado longínquo foi um ser original ou elemental puro.

Assim, chegamos ao estágio tetradimensional ou tetraenergético, ou o estágio humano do ser. Numa faixa energética a nós ensinada como sendo a faixa celestial, o ser entra em contato com seu quarto elemento formador. Nessa faixa formada pelas energias das quatro dimensões ou reinos elementais puros que a alimentam continuamente, o ser absorverá o último elemento formador de seu corpo energético. Depois, por meio do uso de seu emocional, seu percepcional e seus sentidos, desenvolverá ou dará início à formação de sua consciência.

Se no terceiro estágio o ser desenvolveu seus sentidos, no quarto estágio irá submetê-los, e será submetido a um contínuo choque de naturezas humanas opostas, antagônicas e contrárias ao seu magnetismo, o que o obrigará a um contínuo "avanço-recuo", até que encontre no meio humano um poderoso magnetismo afim que o atrairá, e aí então começará sua verdadeira evolução rumo ao estágio pentadimensional, ou o estágio em que, a partir de suas energias espirituais humanas e seu magnetismo mental tetraelemental, alcançará um estágio de dupla polaridade, que tanto poderá ser cósmico como universal.

O cósmico é ativo, pois o ser ascendeu na via ígnea ou aérea.

O universal é passivo, pois a ascensão seguiu a via telúrica ou aquática.

No estágio cósmico, o espírito sutiliza suas energias e expande seu magnetismo.

No estágio universal, o espírito sutiliza seu magnetismo e expande suas energias.

Quando o espírito deixa de ter um corpo energético e torna-se uma energia altamente magnetizante, está pronto para alcançar o sétimo estágio da evolução, que se passa na sétima esfera, na esfera ou reino celestial, integrando-se às hostes angelicais que atuam em nível planetário e sustentam o ciclo evolutivo, desde o estágio original puro até a sublimação total pelo ser de todas as energias por ele absorvidas, nos múltiplos estágios por onde ascendeu e evoluiu.

No estágio angelical, o ser, devido à sublimação energética e seu poderosíssimo magnetismo, sem sair da esfera celestial, projeta-se mentalmente pelas espirituais e das várias dimensões, chegando onde deve atuar no sentido de sustentar um ser ou muitos, até que estejam aptos a se conduzir conscientemente.

Aqui voltamos a abordar o estágio humano para dizer o seguinte: "Um ser que já possua três sinais e adquira mais um, fechando seu ciclo evolucionista elemental, inicia seu ciclo espiritual, que somente cessará quando ele alcançar o estágio angelical, ou planetário". Aqui vai a tabela de sinais no estágio humano da evolução dos seres:

Tabela
1 – água-fogo-terra-ar   (+ - + -)1ª
2 – água-fogo-ar-terra   (+ - - +)3ª
3 – água-terra-fogo-ar   (+ + - -)2ª
4 – água-terra-ar-fogo   (+ + - -)2ª
5 – água-ar-terra-fogo   (+ - + -)1ª
6 – água-ar-fogo-terra   (+ - - +)3ª
7 – fogo-água-ar-terra   (- + - +)4ª
8 – fogo-água-terra-ar   (- + + -)6ª
9 – fogo-ar-água-terra   (- - + +)6ª
10 – fogo-ar-terra-água   (- - + +)6ª
11 – fogo-terra-água-ar   (- + + -)5ª
12 – fogo-terra-ar-água   (- + - +)4ª
13 – terra-ar-água-fogo   (+ - + -)1ª
14 – terra-ar-fogo-água   (+ - - +)3ª
15 – terra-água-ar-fogo   (+ + - -)2ª
16 – terra-água-fogo-ar   (+ + - -)2ª
17 – terra-fogo-água-ar   (+ - + -)1ª
18 – terra-fogo-ar-água   (+ - - +)3ª
19 – ar-água-fogo-terra   (- + - +)4ª
20 – ar-água-terra-fogo   (- + + -)5ª
21 – ar-fogo-terra-água   (- - + +)6ª
22 – ar-fogo-água-terra   (- - + +)6ª
23 – ar-terra-água-fogo   (- + + -)5ª
24 – ar-terra-fogo-água   (- + - +)4ª

Estas 24 combinações podem ser reduzidas a:

1ª	+ - + -		4x 1ª
2ª	+ + - -		4x2ª
3ª	+ - - +	ou	4x3ª
4ª	- + - +		4x4ª
5ª	- + + -		4x5ª
6ª	- - + +		4x6ª

Observem que sempre temos quatro vezes cada linha dentro das 24 combinações possíveis.

Aqui vai mais uma abertura de chave de conhecimento para os estudiosos ou apreciadores dos elementos.

Traçamos duas linhas, uma perpendicular à outra, e formamos uma cruz ou campo de distribuição dos estágios evolutivos do ser até o reino tetraenergético, estabelecendo a polaridade magnética do ser em estudo, que aqui será a primeira das 24 linhas de sinais (+ - + -) ou (água-fogo-terra-ar), distribuindo-os em sentido horário a partir do polo norte:

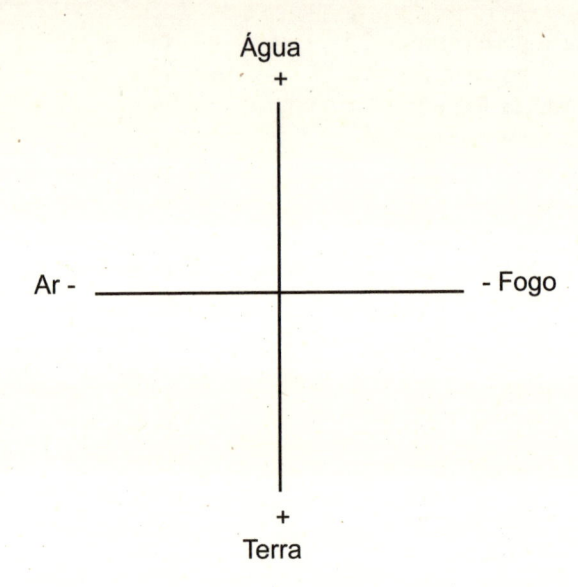

Depois cortamos duas novas linhas e distribuímos os mesmos sinais em sentido anti-horário a partir do norte magnético do planeta:

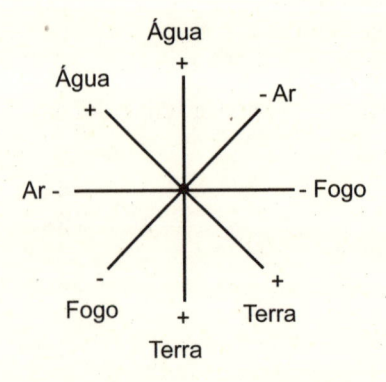

Depois adicionamos mais duas linhas ao duplo quadrante já traçado, e distribuímos os sinais (+ - + -) a partir do raio à direita em sentido horário:

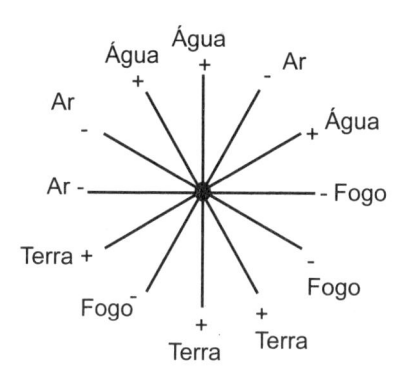

```
         Água Água
       +     +    - Ar
   Ar
    -              + Água
   Ar -           - Fogo
  Terra +
              -
   Fogo       Fogo
       -  +  +
        Terra Terra
```

Com os três quadrantes sobrepostos, distribuem-se do norte os doze signos e, a partir do mês que a pessoa nasceu colocado como sendo o norte, ou elemento primeiro do ser que encaixará com uma das seis linhas de sinais, poderemos saber em que outros elementos o ser já estagiou:

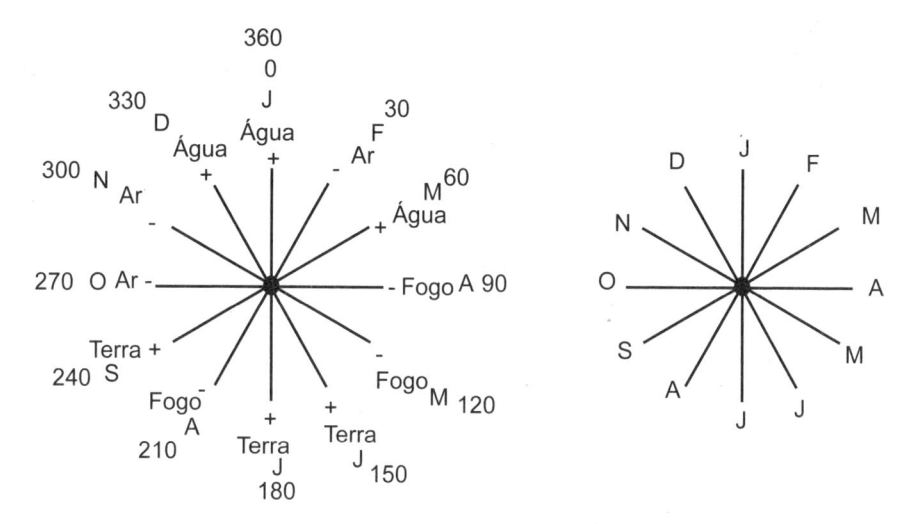

```
           360
            0
    330     J      30
      D   Água  F
  300  Água  +  - Ar
     N    +        M 60
      Ar           + Água
      -
  270 O Ar -           - Fogo A 90
     Terra +        -
  240 S             Fogo M 120
        Fogo-   +   +
         A    Terra Terra
        210    J    J 150
              180
```

```
        D   J   F
     N           M
    O             A
     S           M
        A    J
           J
```

Se for homem, avançar mais três casas no sentido horário, e se mulher, avançar no sentido anti-horário, mas sempre pulando uma casa que se repita por mais de duas vezes, porque só podemos ter dois sinais positivos (+) e dois negativos (-).

Com isso encerramos nosso comentário sobre os estágios por que passa o ser, hoje humano, desde que se torna "visível" dentro das dimensões existentes no todo planetário em que vivemos.

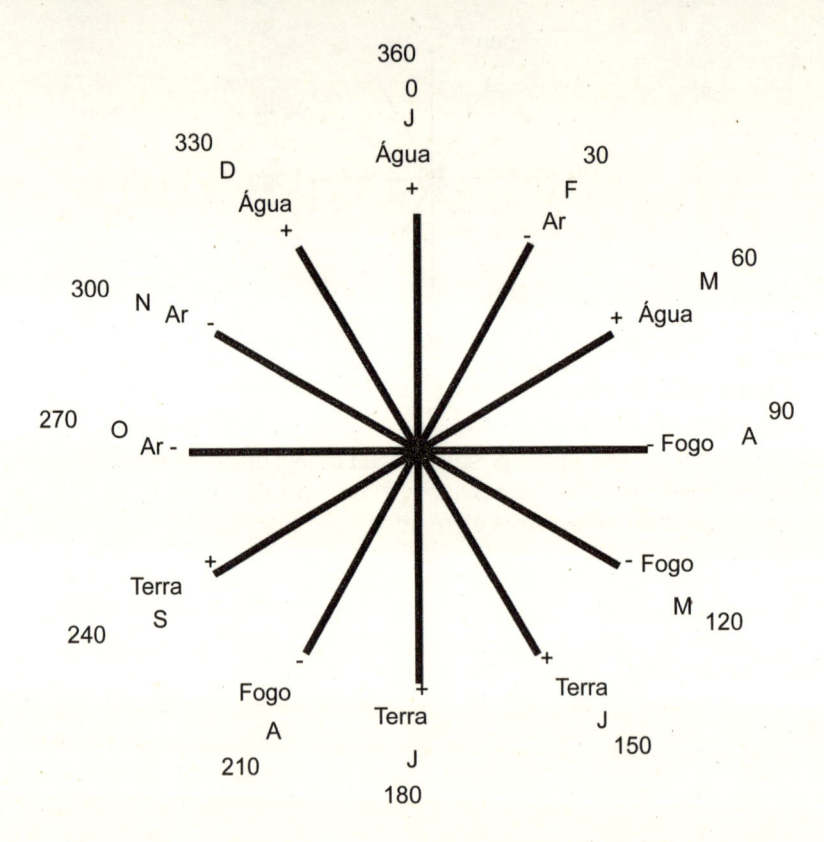

```
                    360
                     0
                     J
            330    Água     30
             D      +        F
           Água              - Ar
            +
                                      60
    300                              M
     N   Ar -              + Água
          -
    270                               90
     O   Ar -              - Fogo  A

                +          - Fogo
            Terra                 M
     240     S                      120
                 -         +
            Fogo          Terra
             A           J
            210           150
                    J
                   180
```

O Mental Humano

Comenta: Caboclo Sete Cachoeiras, M. L.

Comentar o mental humano é mergulhar num mistério magnífico, se bem que todos os mistérios são magníficos. Mas o mental humano é atraente porque o ser que somos tem seus fundamentos sagrados e sua origem divina justamente em seu mental.

Vamos abordá-lo de uma forma rápida, mas precisa.

O mental humano é a semente que, de desdobramento em desdobramento, tornou-nos no que hoje somos: seres humanos.

Nele está guardado nosso "DNA" divino que, de estágio em estágio, foi dando origem a corpos e campos energéticos maravilhosos, pelos quais circulam energias passivas, que nos sustentam, e ativas, que nos movimentam.

Sorrimos, cantamos, choramos, oramos, falamos, gritamos, enfim, fazemos tantas coisas sem ao menos nos darmos conta de que as fontes de tantos sentimentos estão, todas elas, centradas num ovoide não maior que um ovo de galinha, mas constituído por uma energia única, pois é divina.

Este ovoide-energia divina é algo muito maravilhoso, e dentro dele estão fontes geradoras de energias tais que:

a) no estágio elemental puro de nossa evolução, uma fonte interna começa a jorrar um tipo de energia pura que vai se espalhando até alcançar o tamanho de um ovo gigante com um comprimento de quase 2 metros de altura por um de largura, arredondando-se nas pontas e formando um campo energético elemental;

b) esse campo energético oval tem no seu norte magnético (ou topo) o ovoide, que é o mental;

c) nesse campo o ser tem seu primeiro corpo, que é o corpo elemental, no qual surgirão pontos de captação e emissão da energia, que absorverá do meio energético puro em que vive ou devolverá a ele as energias que, dentro desse corpo, o ser gerará;

d) dentro desse corpo elemental uma teia de vasos comunicantes ligará cada ponto de força a todos os outros, criando no ser o embrião de seus futuros aparelhos circulatório e respiratório, assim como a sístole e a diástole, o pulsar contínuo e ininterrupto, que permitirá ao ser manter em circulação suas energias, acumulando o que precisa e descarregando os excessos;

e) esse corpo elemental formado no estágio elemental puro irá servir para que o mental ou semente original do ser humano desdobre sua herança genética dotando o ser, em cada estágio que viver, de formas internas (órgãos, aparelhos, membros, etc.) que o auxiliarão e lhe facilitarão a adaptação ao meio em que está vivendo;

A Biologia, no seu estudo da evolução das espécies, já tem anotado que os seres mais aptos à sobrevivência são aqueles que conseguem algumas alterações específicas no seu corpo físico e em funções biológicas.

Se isso acontece até com o corpo físico humano, que tem uma genética precisa, muito mais facilmente ocorre com o corpo energético do ser formado "dentro" de seu corpo elemental básico, que o acompanhará por todo o restante de sua existência, pois é a vestimenta energética pura dessa centelha divina denominada mental humano.

O ser humano só é um "produto acabado" quanto ao seu mental, porque dentro dele, a exemplo de um grão de feijão, existe um "DNA" divino que à medida que vai evoluindo, vai se desdobrando e facultando ao ser, um dia original, adaptar-se aos meios mais adversos possíveis.

No estágio original o ser, num desdobramento de um "código" genético dentro do mental, formou o campo mental e quando este alcançou seu tamanho, novo desdobramento ocorreu, formando dentro desse campo um corpo energético para acumular as energias absorvidas do meio em que o ser original vivia, assim como para receber as energias geradas pelo ser em fontes localizadas "dentro" do "ovoide", que é o mental, e que são enviadas a órgãos específicos no corpo energético.

Estas energias geradas "dentro" do mental e enviadas por finíssimos condutores de energias têm por função manter estáveis os órgãos e aparelhos formados para "sintetizar" as energias que o ser está absorvendo do meio em que vive.

O mental é a sede original da vida do ser.

O seu corpo energético é o que irá servilo como meio de cumprir com o que está codificado em sua herança genética divina.

O campo mental dará sustentação elemental ou básica ao ser para que, dentro dele, todos os desdobramentos da herança (ou DNA) possam acontecer, facilitando sua adaptação ao meio energético em que vier a viver.

Para melhor compreensão do que estamos comentando, nada melhor que recorrermos à imagem de um homem, de um peixe e de um jaguar.

a) O peixe não precisa de mãos ou pés para se locomover, porque vive num meio aquático, fluido, em que nadadeiras lhe são muito mais úteis.

b) O homem não sobreviveria se não tivesse mãos e pés, porque vive num meio aéreo por onde se move apoiado na terra.

c) Um jaguar não sobreviveria se não fosse dotado de patas com articulações especiais, que lhe permitem dar grandes saltos para capturar as presas e desenvolver altas velocidades em curto espaço de tempo.

Aí, nessa comparação, temos a herança genética física desdobrada para auxiliar o ser no meio em que vive.

Nada de mãos ou pés para o peixe ou o jaguar, e nada de barbatanas ou patas para o homem.

Então, voltando ao mental, podemos compará-lo ao óvulo fecundado pelo espermatozoide: a formação do ser está codificada ali, na união de duas células sexuais, pois tudo o que ele, em seu corpo físico, será, já está "escrito" geneticamente, e cada desdobramento ocorrerá ao par do próprio crescimento natural do ser em formação: no início o leite materno o sustentará, mas depois precisará de alimentos sólidos. Então, dentes nascerão para triturá-los.

Cabelos, pelos, barba e vários outros desdobramentos da herança genética ocorrerão até que o corpo físico esteja pronto para atender às necessidades básicas do ser, permitindo a ele, assim, "viver" sua vida no plano material.

Mas essa vida tem limites, e o ser transmite a herança genética física a outro, que nascerá do útero de sua companheira e levará adiante a semente material do ser.

Este ser poderá ser desligado do corpo carnal, mas ainda assim continuará a existir, ainda que em outra dimensão ou plano de vida, ao qual terá que novamente ser adaptado.

E isso não será difícil, porque seu mental traz todo um código genético "espiritual". Assim, novos desdobramentos ocorrerão, facultando ao ser recursos internos para "alimentar-se" das energias desse novo meio em que estará seguindo sua "vida".

Além disso, ele mantém inalterado seu campo elemental, seu corpo energético básico e toda uma carga genética divina a ser desdobrada antes que possa alcançar um novo estágio evolutivo, posterior ao ciclo reencarnaciornista.

Onde está guardado esse novo código genético?

Dentro do ovoide mental, ora!

É dentro dele que está guardada toda uma longa cadeia genética de natureza divina que, quando o ser alcança um meio propício à ativação de parte dessa cadeia, isso acontece.

Lá dentro, bem protegida, está a herança genética divina, já que somos células divinas emanadas diretamente de Deus, nosso Pai gerador e eterno zelador.

Mas, voltando um pouco, podemos afirmar o seguinte:

1º – Antes de alcançar o estágio elemental puro, em que desenvolverá seu corpo mental básico e sutilíssimos órgãos e aparelhos, o ser já "viveu" outros estágios que o prepararam e o tornaram apto a viver este novo estágio evolutivo.

No, ou nos estágios anteriores, o que se desdobrou foi o ovoide, que tem toda a codificação genética divina dos estágios que forem vivenciados durante a "vida", que é eterna, mudando somente de "meios" em que se desenvolve.

2º – Esse ser original, após alcançar o seu limite de desenvolvimento, vivendo ainda inconscientemente, estará apto a viver num meio elemental de dupla formação energética e de dupla polaridade, em que desenvolverá seu emocional que formará um campo sensível envolvendo todos os órgãos, aparelhos e o próprio corpo energético, e dotando o ser da capacidade de "sentir" as coisas.

Assim, neste estágio dual, o ser desenvolverá a sensitividade ou corpo sensitivo, também conhecido por corpo emocional, que lhe facultará discernir o que lhe é bom (agradável) ou ruim (desagradável). E esse corpo emocional despertará o instinto no ser, ainda inconsciente pois vive num meio onde as energias ainda são "simples" e próprias para que aconteçam novos desdobramentos "dentro" do corpo energético para que o ser, estando apto, possa alcançar um novo estágio de evolução em que aperfeiçoará ainda mais sua sensitividade, desdobrando assim, de sua herança genética divina, a percepção.

Essa percepção aguçará os sentidos até então ativados instintivamente pelo emocional ou sensitividade.

A percepção plenamente desenvolvida permitirá ao ser deixar de agir pelo instinto e alcançar o estágio humano, desdobrando mais algumas codificações genéticas e dotando o corpo energético de uma nova faculdade: a consciência!

Esse é o estágio humano da evolução do mental do ser, quando já temos o "mental humano".

Com o despertar da consciência, nos "sentidos" desdobrar-se-ão novas funções: o raciocínio, a fé, o amor, a observação ou conhecimento, o discernimento consciente do que é bom ou ruim, certo ou errado. Neste último caso, temos o despertar da "razão" humana, ou os sentidos da lei e da vida.

Esse ser, sem deixar de ser o que é, precisa aguçar sua consciência até um limite em que seus sentidos sejam as guias mestras.

O sentido da fé impulsiona-o rumo a Deus.

O amor liga-o a todos os seus semelhantes.

A razão o conduz a agir mais em razão do todo que do "individual".

O raciocínio impulsiona-o a acumular conhecimentos o mais variado possível, para que melhore sua vida e facilite a convivência com os semelhantes.

A partir do aperfeiçoamento dos sentidos, libertandoos do domínio dos instintos, o ser vai se afastando da conduta dual que seu emocional ainda lhe impõe, sob a forma de viciações e o auxilia a sublimar sua sensitividade, transformando-a em "sensibilidade".

Em vários aspectos, o mental foi desdobrando recursos para o ser viver sua "vida".

No estágio original, o mental desdobrou um campo elemental e um corpo energético que absorvia e descarregava energias de uma forma automática, porque o meio em que vivia era formado de uma só energia.

No estágio dual, o mental desdobrou novos recursos e dotou o ser de meios novos, porque ele estava vivendo num ambiente em que absorvia energias de dupla polaridade e, quando se sobrecarregava, sofria. Com isso, por instinto, foi aprendendo a desenvolver a capacidade de não absorver demais, nem se descarregar demais, pois, no excesso, a sobrecarga paralisava-o e, na descarga excessiva, ficava prostrado.

No terceiro estágio, começou a perceber que se sentia "fome", por exemplo, não precisava comer além do necessário para suprir suas necessidades, assim como notou que comendo demais ficava "pesado" e, descarregando-se em excesso, ficava esgotado. Então, só absorvia o que precisava e só descarregava os excessos localizados em algum lugar do seu corpo energético.

Essa percepção facultou-lhe a descoberta dos sentidos, e para que serviam.

Essa descoberta foi o despertar da consciência, e esta lhe abriu o meio humano, com todas as suas dificuldades intrínsecas, mas necessárias para criar novos desdobramentos no corpo energético, indispensáveis à evolução do espírito humano, dotando-o, assim, de recursos que ativarão novos desdobramentos, conduzindo-o a um novo estágio evolucionista.

O mental é isso, a sede da herança genética divina que ainda está no início de sua decodificação dentro do ser, hoje em estágio humano de evolução.

Observando os ovoides, percebemos neles algumas fontes já abertas e ativas e milhares de outras ainda fechadas, à espera do momento em que o ser atingirá novos estágios evolutivos, nos quais o meio permitirá que possam se desdobrar, facultando ao ser uma nova aparência e dotando-o de novos recursos que facilitarão sua vida neste novo meio.

O mental é divino na acepção do termo, e não temos dúvidas de que é uma célula divina vivendo nesse imenso oceano energético que é o cosmos, o corpo sagrado de Deus!

As Naturezas Elementares

Comenta: o espírito Charles Darwin, M. L.

Comentar as naturezas elementares é abrir ao conhecimento humano o mistério divino dos planos da criação.

Mas, antes de abordarmos diretamente essas naturezas, teremos que comentar um assunto tão ou mais fascinante ainda. Estamos nos referindo às dimensões ou reinos elementares, porque é neles que as naturezas são formadas e têm suas sustentações energéticas.

Nosso planeta, visto a partir do prisma da matéria, já nos revela mistérios magníficos. Mas, se nele encontramos os elementos fundamentais água, terra, fogo e ar coexistindo em harmonia e formando o plano material, no entanto, um mistério muito superior se mantém oculto aos olhos dos espíritos encarnados, e de grande parte dos espíritos desencarnados também, que é a existência de outras dimensões.

Ao olharmos para uma corrente de águas cristalinas, não distinguimos nada além do que nos acostumamos, e nos acostumaram, a ver: uma corrente de águas.

Mas, na verdade, essa corrente de águas cristalinas oculta a passagem para toda outra dimensão planetária formada só e unicamente do elemento água.

Esse outro "mundo" não está ao alcance do ser humano comum, que desconhece essa outra realidade tão próxima a ele, mas que não consegue divisar porque ainda é pouco desenvolvido, mentalmente falando.

Somente com o desenvolvimento mental e com um magnetismo forte e conscientemente controlado o ser humano, em espírito, consegue alcançar essa dimensão, que pode ser atingida a partir de uma gota de orvalho, uma nascente d'água, um rio, lago ou mesmo o mar.

Basta haver água para que, preparados, consigamos adentrar este mundo, um meio aquático por inteiro, em que os seres que lá vivem são água e se alimentam de água o tempo todo.

O mesmo acontece com as dimensões ígnea, aérea e terrena.

Na dimensão terrena, o acesso só é possível pelos pontos de forças magnéticos terrenos; no caso da dimensão aérea, que melhor caracterizaríamos se a chamássemos de eólica, o acesso também somente é possível a partir dos pontos de forças eólicos, pelos quais fluem continuamente para a dimensão humana correntes intensas de energias aéreas.

Essas dimensões serão abordadas mais profundamente num comentário à parte, pois aqui abordaremos as naturezas elementares e básicas.

Vamos a elas:

a) natureza elementar aquática;
b) natureza elementar ígnea;
c) natureza elementar aérea;
d) natureza elementar terrena.

Recorremos a letras, porque não há uma ordem de importância. As dimensões coexistem paralelas entre si, assim como no plano material, em que os quatro elementos fundamentais convivem aos pares, sendo influenciados pelos outros dois.

Assim, nessas dimensões elementares, seres vivem aos milhões formando imensos "cardumes", se aquáticos; bandos, se aéreos; colônias, se terrenos; aglomerados, se ígneos.

É fantástico, magnífico, maravilhoso e divino o contato com os seres desses mundos que se desenvolvem à parte do nosso, o material, ou mesmo o espiritual, que é onde hoje vivemos, pois desencarnamos há muito e para "trás" deixamos o "mundo" material.

O tempo que um ser vive nesse meio formado unicamente por um tipo de energia não nos é possível medir, mas que é muito longo, disso não temos dúvidas.

Foi nesse período de vida original, ou unienergética, que o ser hoje humano formou sua natureza.

Ela é chamada de elementar porque irá "guiá-lo" por todo o sempre, sempre à procura de uma satisfação indefinida, mas que é identificável quando, de uma forma ou de outra, próximo dela o ser se encontra.

Todo ser humano envolto por densas "camadas" ou campos energéticos traz oculta dos olhos alheios essa sua natureza elementar, que o torna único em meio a tantos semelhantes.

Se um ser humano formou sua natureza num meio aquático, seus gostos, preferências, desejos, vontades e prazeres serão regidos pelo elemento água. Se foi numa dimensão ígnea, todos esses "predicados" serão regidos pelo elemento fogo. E o mesmo acontecerá se a tiver formado no meio terreno ou aéreo.

Até os alimentos ou guloseimas que agradam a um não são os mesmos que satisfazem a outro. Os padrões de beleza são diferentes, o gosto quanto ao que vestir também. E isso sem contar com o fator estético, em que a variedade de preferências permite as mais diversas uniões de seres de sexos opostos.

Tudo isso se relaciona com essas naturezas elementares.

Temos como certo que o magnetismo planetário tem um polo positivo e outro negativo.

Mas os seres humanos também têm essa bipolaridade magnética, muito bem assentada e por nós já estudada.

Se o polo positivo de um ser humano se localizar no seu norte (cabeça), o polo negativo (sul) estará localizado no órgão reprodutor, ou órgãos sexuais.

E não nos venham com falsos moralismos, fundamentados em teorias religiosas, que associam o sexo aos males do mundo e ao inferno. Aqui estamos comentando as naturezas dos seres humanos a partir de suas formações elementares. E quem achar isso uma "profanação" de suas crenças ou frágeis conhecimentos, que continue como está e deixe esta leitura para quem realmente deseja conhecer a si mesmo, já que nossos comentários se fundamentam na ciência do conhecimento das naturezas elementares.

Voltando à bipolaridade do ser, a natureza elementar dele o conduz sempre em uma direção que lhe proporciona alguma satisfação.

Se o polo norte é positivo, este ser será conservador e viverá uma luta contínua para impedir que o sexo lhe "suba" à cabeça, porque este sempre será visto como uma necessidade biológica ligada apenas à procriação. Fora disso, o sexo somente trará incômodos.

Mas, se o polo sul for o positivo, ele tenderá para uma espécie de liberalismo, e lutará contra as restrições ao sexo, pois este ser encontra nele energias que o tornam criativo, imaginativo e inquiridor.

O pensamento não é criativo. Ele é meditativo e racionalizante. Já o sexo é criativo, porque é gerador de poderosas energias, assim como de "vidas". Então, o ser com o polo positivo no seu sul magnético irá recorrer ao raciocínio e à imaginação.

Notem que aqui não estamos abordando preferências sexuais ou o sexo em si mesmo enquanto fonte de um tipo de prazer.

Nosso objetivo é bem outro, e envolve o ser como um todo, nunca o segmentando. Estamos comentando naturezas, não os sentidos, que são a natureza global de um ser analisada a partir de um de seus componentes.

Assim, quando na natureza de um ser, o seu polo positivo localizar-se no norte, sua vida pode ser classificada de passiva; se no sul, então ela será ativa. Conservadorismo e liberalismo!

Numa família, o par ideal é aquele formado por um dos cônjuges com o polo positivo no norte e o outro com ele localizado no sul.

E se isso afirmamos, é porque se o marido for positivo no norte, tenderá para uma acomodação no sul. Mas sendo a esposa o contrário, isso não será permitido totalmente devido à sua criatividade e imaginação nas coisas do amor íntimo.

O mesmo acontecerá na vida profissional, porque para satisfazer à esposa ele não poderá ser muito acomodado e terá de procurar um serviço que traga como retorno a segurança material ou financeira do casal.

Em se tratando do intelecto, a variedade de gostos dela o obrigará, ainda que contra a vontade, a inteirar-se de outras coisas além das poucas com que se satisfaz.

Mas o contrário também é altamente favorável ao equilíbrio e evolução da esposa, pois no relacionamento íntimo o esposo irá frear parte da criatividade e imaginação da esposa, evitando que o sexo ocupe em sua vida um espaço maior do que o necessário, porque ele não é tudo na vida de um ser humano.

E nos outros sentidos a que nos referimos em relação ao marido em questão, ele será um ponto de amortecimento da natureza criativa e imaginativa da esposa, atuando assim no sentido de acomodá-la um pouco, renunciando conscientemente a direções, às vezes, dispersivas ou deletérias para a vida em família.

Isso acontece em todos os sentidos e em todos os níveis da vida em comum de um casal.

E se assim ocorre, é porque a entrada de energias, ainda que se dê pelos chacras, tende a se acumular ao redor do polo positivo, quer ele se localize no norte ou no sul geográfico do ser.

Assim, com o polo positivo no norte, o ser será um ótimo pensador, um sacerdote conservador, um rigoroso pai de família, um mestre rigoroso, um profissional concentrado no seu trabalho e muito eficiente no que faz, etc.

Mas se o polo sul for o positivo, ele será um ótimo artista, um sacerdote inovador, um pai liberal, um mestre eclético, um profissional competente no que faz, mas sempre de olho em uma oportunidade que lhe permita trabalhar num serviço onde não se sinta escravo do trabalho e deixe a ele tempo para se dedicar a seu lazer, etc.

Com isso deixamos claro que o ser depender da sua natureza elemental não significa dizer que ele será um impotente (o polo positivo localizado em seu norte "geográfico", ou na cabeça), nem que será um libertino (o polo positivo localizar-se no seu sul).

O fato é que, dependendo de onde se localizar o polo, o ser terá uma característica: se no norte, ele será passivo; se no sul, será ativo (conservador, liberal).

E isso independe de a consciência do ser ter sido formada na dimensão aérea, aquática, ígnea ou terrena. Um ser original tem seu magnetismo energético formado somente quando deixa o reino ou dimensão onde formou sua natureza básica e mergulha em outra dimensão, em que outra energia elemental será absorvida para que surja sua bipolaridade energética, o que acontece num estágio em que os seres ainda são indiferenciados, pois seus corpos energéticos ainda têm uma forma oval alongada, e se mantêm mais ou menos na posição que ocupamos aqui na dimensão espiritual: de pé!

Com isso comentado, então concluímos dizendo o seguinte:

a) existem quatro naturezas elementares básicas (terrena – aquática – ígnea – aérea);

b) existe, em cada uma dessas naturezas, a possibilidade de elas terem um magnetismo de polaridade norte-sul ou sul-norte, e isso independente de água e terra serem codificadas com energias elementares positivas e ar e fogo serem negativas, pois estamos falando de um ser único que também é gerador de energias únicas;

c) a natureza elementar do ser o individualiza enquanto energia pulsante e vibrante, porque ele atinge a bipolaridade energética ao alcançar o equilíbrio energético com seu estágio dual, ou bienergético;

d) são desequilíbrios psicológicos que bloqueiam o ser humano, impedindo que haja uma contínua energização de todos os seus sentidos do ser.

Essa falta de irrigação energética dos sentidos causa desequilíbrios no corpo plasmático, donde uma infindável lista de viciações energéticas se origina. E aí temos os estados do ser identificados como de morbidez ou histeria; apatia ou hiperatividade; assexualidade ou hipersexualidade; genialidade ou idiotice; religiosidade ou ateísmo; criatividade ou destrutividade; conformismo ou revolta; amabilidade ou insensibilidade; generosidade ou egoísmo; paciência ou impaciência; pacifismo ou belicosidade; humildade ou soberbia; bondade ou maldade, etc.

Tudo tem a ver com essas naturezas elementares e com desequilíbrios energéticos dentro do corpo plasmático, gerados a partir do desequilíbrio entre os dois polos magnéticos aludidos por nós linhas atrás.

Para os desconhecedores dessa bipolaridade energética, citamos a energia *kundaline* dos hindus.

Ela, sublimada e conduzida às esferas mentais do pensamento, não significa que o sexo foi conduzido à cabeça, mas tão somente que o poder criativo, associado à fonte de geração de energias no polo sul do ser, foi conduzido à sede da mente e dotou-o de um profundo poder de meditação. Devido à criatividade e imaginação dessas energias, um vasto campo foi aberto para aquele que aprecia a meditação e a reflexão sobre os múltiplos aspectos que a vida assume à nossa volta. Reter a *kundaline* somente na sexualidade é negar a si mesmo a criatividade intelectual.

Diz um ditado que saber é poder.

Mas se o contrário nem sempre é verdadeiro, no entanto, quem dota seu poder da capacidade de sublimar suas energias sexuais, ou a sua *kundaline*, aí então podemos afirmar com certeza que poder é saber criar!

Um bom magnetizador e manipulador dos pêndulos magnéticos poderá, sem perguntar a quem ele analisa, descobrir onde está seu polo positivo.

Bastará colocá-lo deitado em acordo com a posição dos polos magnéticos da Terra em sentido contrário ao norte geográfico do planeta, e aí ordenar que pare de "pensar", mas que pare mesmo!

Então, centrando o pêndulo sobre sua terceira visão ou chacra frontal, observará o diâmetro que o pêndulo irá alcançar, assim como sua velocidade.

Depois, deverá centrá-lo sobre o chacra pubiano e após o pêndulo alcançar seu diâmetro e velocidade máxima, irá comparar com o diâmetro e velocidade obtidos no chacra frontal.

Aquele que alcançar diâmetro e velocidade maiores será o polo positivo do ser em questão.

Mas isso somente será possível se ele estiver seminu, deitado no solo com todo o corpo em contato com o elemento terra, estando tanto com a mente quanto com o sexo em repouso absoluto, pois com qualquer um dos dois excitado, ainda que só internamente, tanto o campo quanto a velocidade sofrerão alterações.

Aí, conhecendo os dois polos e tendo noções profundas das qualidades e das naturezas elementares, poderá traçar um perfil muito íntimo do ser em questão, ajudandoo a superar conscientemente seus desequilíbrios psicológicos, emocionais ou mesmo racionais.

Isso tudo que aqui comentamos é ciência. E ciência é vida. E vida é conhecermo-nos intimamente, porque só assim saberemos se já estamos aptos a ajudar nossos semelhantes ou se ainda estamos num estágio de nossa evolução onde devemos ser ajudados.

Um abraço fraternal de: Charles Darwin, M. L.

Nota do médium que psicografou este livro:

Charles Darwin, M. L. foi o espírito que causou a maior polêmica quando lançou sua "Teoria da Evolução", e sinto-me honrado sempre que ele inspira a mim, Rubens Saraceni, seus profundos conhecimentos, apurados do outro lado da vida, em que foi acolhido pelo nosso amado Ogum Beira-Mar, que foi um dos seus mentores espirituais quando de sua última encarnação.

Atualmente Mestre Darwin, como o chamo na intimidade, é M. L., ou mestre instrutor do magno colégio dos magos da Luz existente no 4º nível ascendente da faixa celestial.

Espero estar honrando este que é um dos meus mestres instrutores com minha mediunidade psicográfica, através da qual ele continua a instruir a humanidade na "Evolução", que é o objetivo deste livro.

As Esferas Espirituais Positivas e Negativas

Comenta: Pai Benedito de Aruanda, M. L.

Comentar as esferas espirituais, para nós que já as temos estudado há muito tempo, é motivo de satisfação, porque muito se fala sobre espíritos ou espiritualização no plano material, mas poucos, senão somente alguns poucos, têm se dedicado ao estudo delas.

Em razão do nosso trabalho dentro do Ritual de Umbanda Sagrada, tivemos a atenção voltada para o estudo mais profundo das esferas espirituais, suas formações magnéticas, energéticas, luminosas e vibratórias, e chegamos a um ponto tal que, para nós, é uma necessidade e um desdobramento natural dos nossos conhecimentos falarmos sobre elas.

Começamos afirmando o que já é do conhecimento de muitos: existem sete esferas habitadas pelos espíritos humanos de natureza e formação universal e sete de natureza e formação cósmica.

As esferas universais têm um magnetismo positivo e as cósmicas, um magnetismo negativo.

As que fluem nas esferas positivas são perenes, balsâmicas, luminosas, coloridas e irradiantes, expansivas.

As energias que fluem nas esferas negativas são alternadas, "enervantes", sem cor, sem brilho e concentradoras, magneticamente falando.

O magnetismo existente nas esferas positivas é sutil, quase imperceptível, permitindo ao espírito irradiar sua luz interior com facilidade, ou mesmo facilitando a irradiação.

Já o magnetismo denso das esferas negativas "comprime" as energias do espírito e apaga totalmente qualquer resquício de luz que ainda venha a ter.

Nas esferas positivas, a luz expande-se abrangendo um grande campo em volta do espírito. Já nas esferas negativas, o magnetismo denso vai absorvendo a luz irradiada, e se um espírito luminoso permanecer em uma delas por muito tempo, o seu magnetismo denso irá "fechando-se" em torno dele até apagá-lo totalmente.

Essa dualidade ou antagonismo nos magnetismos nos leva a comparações com o magnetismo mental do ser humano que, se é de formação elemental pura, no entanto pode assumir feições positivas ou negativas e alterar todo o interior energético dele, pois o magnetismo das esferas espirituais tem o mesmo padrão vibratório das energias geradas pelo ser humano a partir da ativação de sentimentos no seu íntimo.

Aí surge o fascinante mistério da geração de energias pelos seres humanos.

As energias geradas no interior do mental do ser fluem pelos sentidos e, através deles, espalham-se por todo o corpo energético, alcançando o corpo espiritual.

A mão que escreve é um órgão auxiliar do sentido do saber.

A mão que tortura é um órgão auxiliar do sentido de preservação da espécie, ainda que tomada aqui no seu aspecto negativo, porque a mão que semeia o trigo também é um órgão auxiliar do instinto de preservação das espécies.

Porém, a mão que semeia alimentos está agindo em acordo com as leis divinas da criação, enquanto aquela que tira vidas está atuando em um sentido contrário.

Nesse momento, surgem no íntimo do ser dois tipos de magnetismo: o semeador torna seu magnetismo positivo e expansivo, pois irradia a vida até quantos puder alimentar. Já o que tira vidas torna seu magnetismo negativo, porque restringe a vida a si próprio em detrimento dos que matou.

Não importa se era um soldado e lutava pelo seu país.

No seu íntimo, e no seu subconsciente, um latejar contínuo de não aceitação de ações contrárias à vida irá afetar, de dentro para fora, seu magnetismo mental, tornando-o negativo e apagando sua luz num processo inverso ao magnetismo de uma esfera negativa, que atua de fora para dentro.

Qualquer sentimento negativo bloqueia as fontes geradoras de energias positivas e abre fontes negativas em acordo com o sentimento que as "abriu". E aí, as energias geradas vão se espalhando pelo corpo espiritual escurecendo todo o ser e apagando sua aura luminosa, tornando-a opaca, cinza, mostarda ou rubra, e mesmo negra.

Cada sentimento, seja ele positivo ou negativo, abre em nosso mental fontes energéticas que vão gerando e espalhando energias por todo o corpo emocional que permeia o corpo energético externamente, assim como bloqueiam os sentidos por onde nos "comunicamos" com o nosso exterior.

Se negativo, esse gerar contínuo pouco a pouco vai tornando todo o ser negativo, chegando a um ponto em que esse magnetismo negativo o coloca em sintonia magnética com padrões vibratórios específicos localizados nas esferas negativas que, devido à afinidade energética, lançam cordões energéticos até seu corpo mental para absorver as energias que sua negatividade está gerando ou, num sentido inverso, para supri-lo caso ele "precise" fortalecer seu corpo energético.

Tudo o que aqui relatamos devido a um sentimento negativo, num caso oposto liga o ser a padrões vibratórios específicos nas esferas positivas, que ou absorverão as energias luminosas e brilhantes do ser, ou o suprirão, inundando seu corpo energético.

Assim, ficou "claro" que: o magnetismo pode ser positivo ou negativo; os sentimentos podem ser nobres ou viciados; o magnetismo do ser humano liga-o a padrões magnéticos localizados nas esferas espirituais; esses padrões tanto podem absorver como enviar mais energias ao ser magneticamente afim; e o mais importante: que tudo se processa automaticamente, não sendo necessário o concurso de mais ninguém, já que essas afinidades colocam o ser sob a "proteção" energética da esfera a que se ligou mental e magneticamente.

Logo, um ser vibrando sentimentos de padrão (-3) nunca será atraído para uma esfera positiva após desencarnar, porque, para que isso acontecesse, todas as leis da Física teriam que ser contrariadas.

Sim, uma pedra de um quilo jamais irá pairar na superfície de um lago, nem flutuar no ar. Isso contraria as leis físicas.

O mesmo ocorre com um espírito que no plano material se pautou por realizar ações negativas. Densificou tanto seu corpo energético que, assim que desencarnar, "afundará" nas esferas negativas, até que seu magnetismo o conduza ao exato padrão magnético a que se ligou através de cordões invisíveis ainda quando estava no plano material. Isso, aqui descrito, é a lei divina em ação.

E o mesmo acontecerá num sentido inverso, caso o ser tenha se pautado por ações nobres ou virtuosas, ou positivas.

Esse ser, dotando seu magnetismo de uma carga positiva, inundará o corpo energético de energias mais "leves" que as da esfera material e espiritual em que vive, tornando-o magneticamente atrativo pelo magnetismo das esferas superiores ou positivas, luminosas e brilhantes porque as energias que as formam são sutis, perenes, leves e positivas.

Após o desencarne de um ser extremamente virtuoso, ele "subirá" até uma esfera em que seu magnetismo encontrará afinidades com um padrão magnético correspondente.

As afinidades magnéticas tornam o ser energeticamente semelhante ao meio para onde automaticamente foi atraído. Se parou em uma esfera positiva, encontrará espíritos magneticamente afins e com padrões energéticos semelhantes, que o acolherão com amor, ternura e carinho, auxiliando-o em sua nova "morada".

Já se a parada se deu numa esfera negativa, encontrará espíritos vibrando no mesmo padrão, e dotados de um negativismo energético que o repelirá, agredirá e torturará em sua nova "prisão", sem grades visíveis a olho nu, mas muito poderosa, que ali o reterá até que passe por um esgotamento energético intenso e sofra uma transformação magnética por meio da pulsação de novos sentimentos.

Se esses novos sentimentos forem nobres, virtuosos ou positivos, lentamente será atraído pelo magnetismo da esfera positiva com um padrão magnético correspondente ao que formou em seu mental. Mas se seus novos sentimentos forem negativos, viciados e desvirtuadores, por já estar numa esfera negativa, rapidamente afundará mais ainda, atraído por um padrão mais forte devido à densificação do magnetismo mental e à sobrecarga energética.

Tudo isso são leis divinas imutáveis agindo sobre o ser humano sem que ninguém precise intervir, pois as leis de Deus são anteriores ao próprio homem. E quando Deus o criou, já existiam leis para regê-lo, ajudando-o a evoluir ou bloquendo sua evolução.

Mas, se já não bastasse a ação das leis divinas, o ser ainda está sujeito às leis espirituais e às leis humanas.

As leis divinas funcionam por si mesmas e estão fundamentadas no magnetismo e nas energias.

As leis espirituais funcionam segundo a sentença que diz: "A cada um, segundo seu merecimento."

As leis humanas funcionam segundo as concepções humanas do que é certo e errado, do que é justo e injusto, do que é bem ou mal.

Assim, muitas confusões surgem devido ao não ajustamento natural do ser às leis divinas e à não aceitação do "a cada um, segundo seu merecimento".

Aí entram as leis humanas.

E assim, o líder religioso que abençoa a espada do soldado que vai matar em nome de Deus, ou de sua pátria, e que no retorno vitorioso o cobre de honras, após desencarnar vai para agrupamentos espirituais mais ou menos afins, que o acolhem e o preparam para continuar a atormentar seus semelhantes, tão sofredores quanto ele.

A lógica humana desafia todas as leis divinas, porque ousa cobrir de honras aquele que mata em nome de seu Deus. Quando, após o desencarne, descobre-se no inferno, revoltase contra seu Deus e começa a perseguir aqueles que o induziram a matar.

Mas por trás de tudo está a lei divina atuando sobre os seres humanos por meio deles.

Quem induziu alguém ao crime é tão culpado quanto o que matou, e terá de acertar suas contas justamente com quem foi induzido, assim como com quem foi morto, caso este não tenha se conformado e dado início ao latejar de sentimentos de vingança.

A lógica divina é anterior e superior à lógica humana, e Deus, prevendo as reações humanas, quando lançados ao encontro de seus padrões magnéticos negativos afins, permitiu que alguns espíritos viessem a se assentar nas esferas negativas e nelas formassem verdadeiros domínios apinhados de espíritos magnética e energeticamente negativos. Neles reinam soberanos todo-poderosos que se comprazem em atormentá-los porque, dizem eles, quem não aprendeu a servir o alto, servirá o embaixo, mesmo que nada saiba.

Aí está um comentário resumido do que são as esferas positivas e negativas, as universais e as cósmicas.

Os Pontos de Força da Natureza

Comenta: Seiman Hamiser yê, M. L.

Comentar os pontos de forças da natureza é abrir para o conhecimento material um mistério da criação, em nível planetário.

Comecemos por recordar que:

1º – Neste todo energo-planetário, além deste "universo" material, esta dimensão onde as energias estão concentradas a tal ponto que originam múltiplos amálgamas energéticos, tais como: ar, água, terra e fogo; cristais, metais e resinas; frio, calor, chuva, seca, etc., existem muitas outras dimensões.

2º – Essas dimensões não são perceptíveis à visão material.

3º – Algumas dessas dimensões são visíveis aos espíritos.

4º – Todas, repito, todas as dimensões existentes no todo planetário somente são visíveis aos seres dotados da visão divina, que abrange e abarca todos os níveis conscienciais dos seres.

5º – Essa visão não é privilégio de ninguém, e está ao alcance de todos que ultrapassem seus reduzidos limites humanos materiais ou espirituais, porque trabalham no sentido de aperfeiçoar-se e de evoluir em harmonia com o todo planetário, deixando de lutar consigo mesmos ou com o Criador em relação à criação.

6º – Alcançando a visão divina, o ser deixa de ter qualquer concepção "limitada" da vida e de si mesmo, porque se descobre uma célula viva num oceano energético vivo, dentro do qual bilhões (ou quem sabe trilhões) de "vidas" evoluem "lado a lado", todas monitoradas pelo onipresente, onipotente e onisciente mental do nosso Criador.

Com nossa evolução, chegamos naturalmente a um grau consciencial tão sublimado que essa "visão divina" começa a se abrir e anula aquilo que se convencionou chamar de "eu". O "eu" não resiste à visão divina das coisas.

Descobrimo-nos como partes de uma organização "global", na acepção mais abrangente, de um organismo vivo que poderíamos chamar de Deus.

E nesse organismo divino, tal como as células do corpo humano, cada um de nós cumpre sua função ligado a um órgão.

As células pancreáticas têm uma função. Já as pulmonares têm outra. E o mesmo acontece com as células do fígado, do baço, dos rins, do coração, do aparelho reprodutor, do sistema auditivo, olfativo, gustativo, tátil, nervoso, cerebral, raquidiano, ósseo, etc.

No geral, todas as células obedecem a um mesmo princípio funcional. Mas no particular, cada uma se distingue de suas congêneres, que também obedecem a princípios específicos. Se no geral todas sustentam vivo o ser que no conjunto formam, nas funções específicas cada uma "trabalha" num nível particular de manutenção da funcionalidade do organismo em que "vivem".

Então temos uma estrutura geral formada de muitas organizações particulares, ou individuais, ligadas entre si, contribuindo para o objetivo maior: manter vivo o corpo que formam e ao qual pertencem.

Os estudiosos do "corpo supra-humano" detectam nele vórtices, também chamados de chacras, mas que preferimos chamar de pontos de forças, pois aos olhos do vidente esses vórtices parecem captar energias que circulam em volta desse corpo "etéreo".

Mas a verdade é bem outra, ainda que não possamos prová-la ao plano material. Primeiro, porque por mais avançada que seja a ciência material, ela está direcionada para a realidade do universo material. E segundo, porque mesmo na dimensão espiritual da vida dos seres, há planos específicos, reservados aos espíritos em evolução recém-despertados de seus estados de inconsciência, aos quais a simples descrição da existência de um "aparelho" material (por exemplo, esta caneta que está grafando o que ao meu médium agora transmito) já seria "visto" como a revelação de algo "sobrenatural".

E isso tudo ocorre numa dimensão paralela a esta, material, em que meu médium só me "ouve" porque evoluiu a um ponto tal que seu mental abriu-se para a dimensão espiritual, mesmo com ele ainda vivendo no plano material, possibilidade esta que pode ocorrer a todos os seres humanos, cada um a seu "tempo".

Os vórtices, chacras ou pontos de forças são compostos de várias "camadas" de "células" elementares absorvedoras de energias e de inúmeros "cílios" emissores de energias.

Uma camada absorve energias puras para energizar o corpo elemental básico. Outra absorve energias mistas para alimentar os "órgãos" do corpo energético. Outra absorve energias de múltiplos padrões energéticos e formações diversas para energizar o campo emocional, sustentando o ser em suas vibrações emotivas. Outra absorve energias tetraelementais para energizar o campo magnético e sustentar as "operações" mentais.

Enfim, um vórtice ou chacra ou ponto de força coloca o ser, através de seu corpo supra-humano, em sintonia com vários padrões energéticos, que, ainda que misturados e fluindo dentro da faixa celestial, provêm de dimensões energéticas específicas.

Seria o caso de compararmos essas dimensões com os recursos que o corpo físico tem à sua disposição no meio material.

As células precisam de oxigênio para gerar energias: as narinas, em contato com o ar material, absorvem oxigênio; nos pulmões, os alvéolos absorvem-no e lançam na corrente sanguínea por onde chega a todo o organismo num processo perfeito de coordenação entre os aparelho respiratório e circulatório.

Se as células precisam de água, o ser absorve a água que encontra na dimensão material e o aparelho digestivo se encarrega de transportá-la rapidamente para todo o organismo.

Se o organismo se sente "fraco", basta que se alimente com algum composto energético, que logo as células estarão recebendo lipídios, glicídeos e sais minerais que energizarão o ser, fortalecendo-o.

Tudo isso ocorre com o ser no seu corpo físico.

Mas o corpo supra-humano é composto por: um campo elementar básico; um corpo energético que se formou dentro desse campo; um campo emocional que, no exterior, é visível como aura e no interior é o "sistema nervoso" do corpo energético; um campo sensitivo que permeia todo o corpo energético; um campo percepcional que permeia o mental, mas que se desenvolve à medida que a consciência, como um todo (raciocínio, pensamento e intelecto), aumenta seu estado consciencial (capacidade de abarcar a realidade concreta e a abstrata em que o ser vive).

É impossível num simples comentário relatar toda essa "biologia energética" do corpo supra-humano, mas essas descrições gerais são necessárias, pois somente descrevendo sucintamente se consegue sair do lugar-comum que caiu o estudo do corpo energético do ser "humano". Fincaram pé, e mente, num só tipo de energia, o prana hindu, e daí por diante ninguém mais se deu ao trabalho de aprofundar o estudo do corpo energético do ser humano.

Mas voltando à "biologia energética", o corpo energético precisa alimentar-se de energias de vários padrões e "naturezas", e o faz pelos pontos de forças ou chacras que, através de suas "pétalas", absorvem o padrão exato de que o ser mais precisa.

Essas energias oriundas de outras dimensões chegam às esferas espirituais e ao meio material através de vórtices gigantescos que chamamos de pontos de forças, pois nada mais são que enormes chacras planetários localizados na faixa celestial.

É por esses pontos de forças que outras dimensões, ou reinos energéticos, enviam-nos suas energias de padrões vibratórios subatômicos, muito mais sutis que as energias dos átomos, os elementos fundamentais da matéria.

Esses pontos de forças se contam aos milhares e estão espalhados tanto no plano material quanto nas esferas cósmicas, quanto nas universais, ou nas negativas (escuras), positivas (luminosas).

Aqui uma observação: concluímos que a faixa celestial é o campo mental do todo planetário; o planeta é o corpo energético; as esferas negativas são o campo emocional; as esferas positivas são o campo racional e as dimensões elementares puras (água, terra, fogo e ar) são as energias que circulam "dentro" do todo planetário sustentando a vida nos mais diversos planos em que ela se faz presente.

Então vamos esmiuçar os pontos de forças a partir dessa observação.

Campo mental planetário:

Nesse campo, tal como no ser humano em que os desdobramentos da herança genética divina aconteceram, temos desdobramentos das próprias dimensões formadas a partir de elementos puros que, unindo-se, formam dimensões de dupla polaridade energética (+ -) em que o ser original evolui até desenvolver seu emocional. Depois, essa dimensão bipolar desdobra-se numa terceira, na qual entra um elemento novo que a equilibra, deixando o polo positivo e o negativo com cargas energéticas próximas umas das outras, e aí o ser começa a evoluir do instinto para a razão por meio dos sentidos. E, num novo desdobramento, surge uma nova dimensão onde os quatro elementos estão presentes (planos material e espiritual) em que o ser, com um corpo espiritual humano já acabado revestindo seu corpo energético, começa, por meio dos sentidos, a despertar em si a consciência.

Esse despertar da consciência é a descida para a "carne" no corpo mais denso do todo planetário: o corpo energético físico!

Então temos no plano material os quatro elementos originais de forma visível e sensível, e mais que isso, assimilável pelo ser através do seus corpos físico (matéria) e energético (espírito).

O corpo espiritual é o "fechamento" final de um processo evolutivo que se iniciou no ser, ainda inconsciente (ser original), e completou-se com o ser humano (consciente).

Deduzimos que a vontade divina em todo esse processo evolutivo foi a de ir dotando o ser original de recursos tais que lhe permitissem adquirir uma consciência de si mesmo, do meio em que vive e de seu próprio Criador: Deus.

A realização dessa vontade divina, para o próprio bem do ser, hoje humano, processou-se em estágios, preparandoo no sentido de despertar nele a consciência plena, pois é só pela sublimação dos sentidos pela consciência, que o ser humano alcança a sua quintessenciação, para então, pela via cósmica ou pela via universal, chegar ao estágio angelical, e deste para alcançar o "grau" de ser planetário ou celestial, no qual atuará não mais por meio da mente, mas sim da sua consciência.

Este ser celestial agirá em todas as dimensões unicamente por meio da emanação consciente dos mais variados padrões vibratórios, podendo coordenar a evolução de um ser, desde seu estado original até quando alcançar, por meio de sua consciência, seu estado angelical.

Dizemos estado, pois estágio é onde o ser evolui e estado é o ser formado nesse mesmo meio.

Pois é a partir dos pontos de força na natureza planetária que esses seres, os anjos celestiais, atuam sobre toda a criação e todas as criaturas, em todas as dimensões.

Esses pontos de forças são gigantescos vórtices que, se positivos, giram em sentido horário, e, se negativos, giram no sentido anti-horário.

No todo planetário, abrangendo todas as dimensões, esses chacras gigantescos absorvem energias das muitas dimensões energéticas puras e as distribuem para as dimensões mistas, esferas positivas, negativas e plano material.

É na faixa celestial que os vórtices ou pontos de forças estão localizados, e a partir dela interagem em todos os níveis.

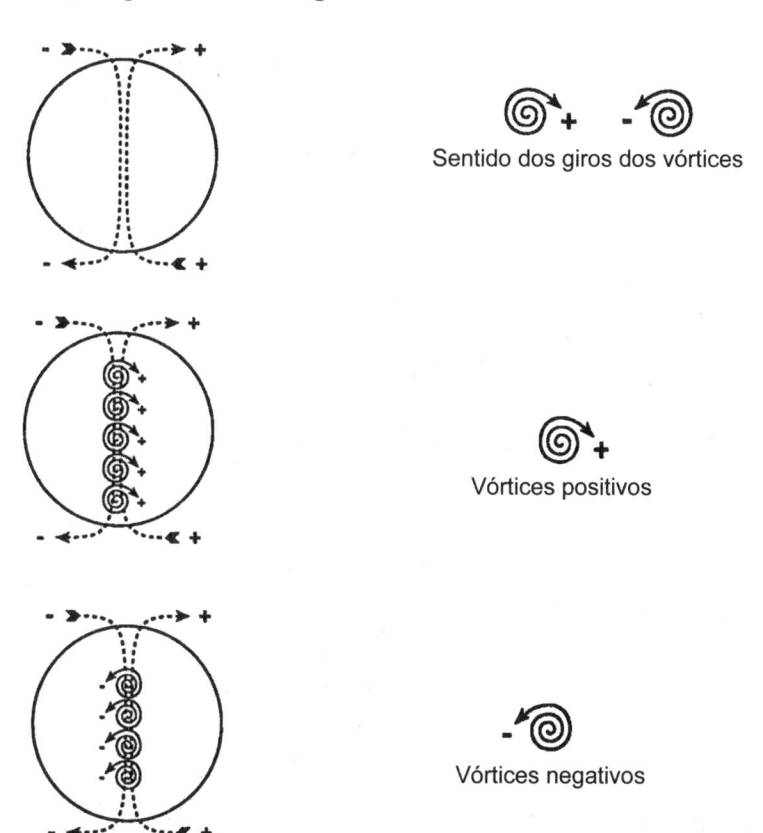

Sentido dos giros dos vórtices

Vórtices positivos

Vórtices negativos

Os vórtices ou pontos de forças principais, por meio de ramificações energéticas, espalham suas energias acumuladas a todos os planos espirituais existentes na faixa celestial, a todas as esferas positivas e negativas, ao plano material ou dimensão da matéria, e aos reinos elementais.

A natureza planetária, no plano material, tem vórtices positivos e negativos, alguns dos quais são do conhecimento geral: o Triângulo das Bermudas é um; no sul da Índia há outro; no mar da China está localizado um terceiro, próximo das Filipinas; no centro do oceano Pacífico, ao sul do Havaí há um quarto vórtice; próximo do estreito de Bhering, há outro; no planalto central do Brasil, mais um; na cordilheira dos Andes, outro; na Mongólia há outro; no Tibet, mais um; na Finlândia, há outro; na região do lago Vitória na África, há outro; no sul do continente africano, há mais outro.

Entre esses que citamos, alguns são positivos e outros negativos. Mas estes, em nível planetário material, são os principais. Muitos outros, localizados e de menor alcance, existem, assim como vórtices ou pontos de forças de nível local também.

Esses são pontos de forças ligados à própria natureza terrestre e são verdadeiros portais de acesso aos reinos naturais cujas dimensões são trienergéticas, nas quais os seres lá estacionados se preparam para no futuro, já aptos, vir ao estágio tetraenergético, em que o estágio evolucionista humano se processa.

Então ficou claro que pontos de forças planetários, localizados na faixa celestial, ligam-se a todas as dimensões puras, das quais absorvem energias puras, misturam-nas e enviam-nas a dimensões mistas, assim como absorvem energias geradas no plano material, que são remetidas às outras dimensões.

Há uma interligação energética entre todas as dimensões, de tal forma perfeita que se acontece uma insuficiência de energias em uma, todas as outras fornecem energias aos vórtices gigantes que as acumulam, adequamnas ao padrão da dimensão em desequilíbrio e o reequilibram energeticamente. No caso de um excesso, os vórtices retiramno e vão distribuindo-o às dimensões necessitadas.

O todo planetário tem uma estrutura de transferência de energias interdimensões, similar à que existe na estrutura biológica do corpo humano.

Neste todo planetário, a dimensão material ou plano material é de suma importância, porque, em razão do seu potencial gerador de energias mistas, todas as dimensões recebem algumas ou várias das energias nela geradas.

Em um simples comentário, não é possível descrever todo o sistema intercomunicante (ou seria intracomunicante?) existente. Aqui apenas queremos abrir um campo de pesquisas diretas aos irmãos encarnados que gostam de conhecer melhor o "meio" em que vivem e evoluem, uma vez que o debate no meio iniciático material tem dado atenção apenas ao "oceano energético" chamado de "prana", tendo-o na conta do suprassumo energético quando, na verdade, essa energia é alimentadora unicamente do "corpo espiritual" do ser humano, a vestimenta do ser em seu estágio humano de evolução, e ele provém desses pontos de forças.

Esperamos que tenham uma noção, ainda que vaga, de que pontos de forças são gigantescos vórtices absorvendo e irradiando energias, mantendo o equilíbrio energético no todo planetário, que não se resume somente ao plano material e espiritual, como fazem crer alguns escritores espiritualistas. Ele é muito, mas muito mais complexo do que imaginam os estudiosos desse mundo material.

Como podemos provar isso?

Não podemos, assim como é impossível provar aos ateus a existência da realidade em que vivem os espíritos, ou Deus!

Portanto, estes comentários "superficiais" servirão apenas aos irmãos encarnados que já têm percepção extra de que muito mais este nosso divino e bendito planeta oculta dos humanos olhos materiais e materialistas.

Um abraço fraternal de seus irmãos em espírito!

Os Degraus e seus Graus

Comenta: Seiman Hamiser yê, M. L.

Comentar os degraus e seus graus é adentrar as hierarquias celestiais responsáveis pela evolução, pela lei e pela vida no todo planetário.

É instigante mergulhar no mistério dos degraus, porque eles são ocupados por seres celestiais de alcance planetário em seus "movimentos" energéticos.

Os degraus são os "Tronos" celestiais responsáveis pela evolução dos seres.

Existem tronos ígneos, terrenos, aquáticos, cristalinos, minerais, mistos e naturais e elementais atuando nas múltiplas dimensões energéticas existentes no todo planetário, habitado por uma criação múltipla e incontável, em que não é possível ou permitido um censo "populacional".

Mas o fato é que existem tronos originais, duais, tridimensionais, tetradimensionais, pentadimensionais, hexadimensionais, septadimensionais, octodimensionais.

⊙ Os originais, grafamo-los com o círculo

-⊕+ Os duais, com o círculo partido no meio

-△+ Os tridimensionais, com o triângulo

⊕ Os tetradimensionais, com o círculo partido em quatro partes

☆ Os pentadimensionais, com a estrela de cinco pontas ou pentagrama

✡ Os hexadimensionais, com a estrela de seis pontas, ou duplo triângulo entrelaçado, conhecido como hexagrama.

⊻   Os heptadimensionais, com os sete raios

✳   Os octodimensionais, com os raios entrecruzados

Assim temos estes sinais gráficos a identificá-los:

⊙ ⊕ △ ⊕ ⛤ ✡ 🌅 ✴

Decifrando os símbolos gráficos, temos:

⊙ Reino elemental puro, habitado por seres originais.

⊕ Reino bielemental de dupla polaridade, habitado por seres em estágio evolutivo formador do campo emocional, devido ao contato e absorção de energias opostas às do reino em que formou seu campo elemental.

△ Reino trielemental, em que o terceiro elemento amortece, estabiliza e equilibra os seres que o habitam e que aí desenvolvem a percepção e os sentidos.

⊕ Reino tetraelemental (plano material), habitado por seres em seu estágio humano de evolução, em que desenvolvem a consciência e aperfeiçoam os sentidos (amor, fé, conhecimento, lei, raciocínio, geração e saber). Formado por quatro elementos.

⛤ Reino pentaelemental (plano espiritual), formado por quatro elementos básicos (terra, água, ar, fogo) e mais uma energia de padrão universal que abrange todas as esferas positivas ou luminosas.

✡ Reino hexaelemental (plano espiritual de dupla polaridade (+ -): universal e cósmico, positivo e negativo, luz e trevas), em que o ser evolui mais em magnetismo (consciência).

🌅 Reino heptaelemental, habitado por seres em seus estágios angelicais, em que o mental, plenamente desenvolvido, assume todas as funções dos sentidos e corpos.

✴ Reino celestial, habitado por seres planetários que têm por função reger todas as dimensões existentes no todo planetário. São seres ligados diretamente ao "Trono" planetário, que rege nossa morada particular num universo em que existem incontáveis moradas.

Com essa descrição sucinta dos reinos, que podem ser denominados de dimensões, já podemos adentrar os degraus e seus graus.

O Trono é a posição hierárquica ocupada por um ser que tem por função e missão zelar pelo equilíbrio de uma dimensão, ou de um plano energético específico dentro de uma dimensão, ou mesmo de zelar pelos pontos de forças.

Temos Tronos que têm alcance limitado, pois os seres que os ocupam se limitam a velar pelo equilíbrio dentro de uma dimensão.

Mas temos outros que atuam a partir de locais altamente irradiantes, em várias dimensões energéticas, e têm, sob sua guarda, muitos planos, ou mesmo, domínios. Estes, limitados dentro das esferas cósmicas ou universais, acolhem milhões de seres humanos, e mesmo seres de outras dimensões em outros estágios evolutivos que, devido a graves desequilíbrios emocionais, são retirados dos reinos em que vivem e, ou são enviados às esferas cósmicas ou às esferas extra-humanas, em que estacionam por tempo indeterminado.

Mas todos, repito, todos os seres, encontrem-se no estágio evolutivo que for, são "velados" pelos ocupantes dos Tronos (o degrau) e pelos seus auxiliares (os graus do degrau).

Mesmo um espírito humano que sofre os piores desequilíbrios energéticos, racionais e emocionais, ao ser afastado do convívio com os espíritos equilibrados, é enviado automaticamente, pela lei, a planos específicos localizados nas esferas cósmicas, nos quais existem tronos aptos a recepcioná-lo e recolhê-lo dentro de seus limites de influência mental (campo magnético), e guardá-lo até que volte a se sentir apto a retornar ao convívio com espíritos equilibrados.

Os degraus são formados por um ser principal assentado no seu trono e pelos auxiliares, que atuam por meio do mental, positivo ou negativo, dos seres que vivem dentro dos seus limites energéticos (campo magnético).

No Ritual de Umbanda Sagrada, dizemos que os graus que atuam no positivo são guias da direita, e os que agem pelo negativo são guias da esquerda.

Mas este é um degrau incompleto ou de alcance limitado pelos próprios Orixás regentes da Umbanda Sagrada, já que um Trono está ligado mental, magnética e energeticamente ao regente planetário responsável pelas dimensões elementais, veladas pelos Orixás maiores, que são seres totalmente mentais que atuam em nível planetário, a partir dos pontos de forças ou vórtices gigantescos já citados em outro capítulo.

Esses Orixás maiores, "senhores" da natureza planetária, são responsáveis diretos por reinos bi, tri, tetra, penta, hexa ou heptaelementais.

Na Umbanda Sagrada o ser planetário que atua a partir de um degrau heptaelemental ou heptadimensional é Oxalá, o Orixá maior no ritual de Umbanda.

Os outros Orixás atuam em reinos tri, tetra ou pentadimensionais:

Ogum ocupa um trono pentaelemental misto;
Xangô ocupa um trono pentaelemental misto;
Oxóssi ocupa um trono tetraelemental misto;
Iansã ocupa um trono trielemental misto;
Oxum ocupa um trono trielemental misto;
Nanã ocupa um trono bielemental misto;
Iemanjá ocupa um trono trielemental misto;
Ossain ocupa um trono bielemental puro;
Omolu ocupa um trono tetraelemental misto;
Obaluaiê ocupa um trono pentaelemental misto;
Ibeji ocupa um trono tetraelemental puro.

Oxalá alcança as 77 dimensões planetárias e rege a todas pelo alto.

Os hexa alcançam 66.
Os penta alcançam 55.
Os tetra alcançam 44.
Os tri alcançam 33.
Os bi alcançam 22.

Por misto entendam de dupla polaridade (+ -)
Por puro entendam de uma só polaridade, ou é (+ +) ou é (- -), nunca dimensões (+ -).

Não podemos revelar tudo, mas os mistos significam que se o seu polo positivo está no elemento ar, o negativo pode estar no elemento terra, ou vice-versa. E o mesmo se aplica a todas as dimensões "veladas" pelos Orixás regentes da Umbanda Sagrada.

Os degraus bidimensionais mistos atuam apenas em seres elementares e seres encantados.

Os degraus tridimensionais mistos atuam também em seres humanos.

Os degraus tetradimensionais mistos atuam também em seres da natureza.

Os degraus pentadimensionais mistos atuam também nas esferas extra-humanas habitadas por seres conhecidos como gênios.

E aqui paramos, pois nos é proibido avançar mais nessas revelações.

Existem degraus de alcance geral (planetário).
Existem degraus de alcance parcial (dimensões).
Existem degraus de alcance localizado (reinos).
Existem degraus de alcance limitado (domínios).

Na Umbanda Sagrada, os médiuns recorrem nos seus rituais ativos (trabalhos) e passivos (oferendas) aos degraus localizados (cachoeiras, praias, montanhas, rios, pedreiras, cemitérios, matas, etc.) sempre em acordo com as vibrações dos Orixás regentes (seres planetários) que se manifestam dentro do ritual pelos pontos de forças localizados na natureza. Por isso o Ritual de Umbanda Sagrada é o de culto à Natureza.

Como os degraus, cujos tronos são ocupados pelos Orixás sagrados, têm alcance planetário, o Ritual de Umbanda Sagrada pode ser realizado em qualquer canto do planeta que nele haverá a manifestação dos Orixás e de todos os seus auxiliares, ou seus graus.

Assim, se um mediador de Umbanda estiver em Roma e for até um cemitério e invocar os Orixás Omolu e Obaluaiê, imediatamente eles se manifestarão no médium. E o mesmo acontecerá caso faça uma oferenda a um Exu ou Pombagira no mesmo local, ou na China, ou em Moscou.

E isso só acontece porque as entidades que são invocadas ocupam um assento em um degrau ou em um dos seus graus e, onde existir um ponto de força relacionado ao trono, a invocação é respondida de imediato.

Há uma faixa de "onda mental" específica para cada degrau que capta a invocação e imediatamente a envia ao trono que, no mesmo instante, ativa um de seus auxiliares, enviandoo, à velocidade da luz, até onde se realiza o ritual invocatório.

Um degrau tem alcance planetário e vibra (se manifesta) em nível planetário.

Os Orixás da Umbanda Sagrada são tronos celestiais e têm alcance planetário.

Para exemplificarmos, tomemos a Orixá Oxum: há um trono ocupado pelo ser celestial Oxum, de atuação planetária.

Em cada cachoeira podemos realizar rituais em homenagem a ela, a senhora Oxum, que uma Oxum se manifestará e "receberá" a homenagem em nome da senhora Oxum, ocupante do trono celestial Oxum.

Esses seres que recebem as homenagens (oferendas) são graus locais do Trono Oxum localizado na faixa celestial, mas que, aos encarnados, se manifestam por meio dos pontos de forças da natureza em que o magnetismo energético é afim com o do degrau ocupado por ela, a Orixá planetária Oxum.

Quantos graus o degrau Oxum possui?

Impossível responder-se a esta questão, pois um reino elemental tridimensional e trienergético é onde o trono Oxum está assentado e, a partir dele, a Oxum maior atua mentalmente em bilhões de seres, como emocional, racional e energeticamente são os seres que chamamos de encantadas de Oxum que atuam nos seres humanos, e em muitos seres elementais.

E existem milhões incontáveis de encantadas de Oxum no reino tridimensional regido mentalmente por ela, a Orixá maior Oxum, senhora do degrau que conhecemos pelo nome sagrado Oxum, um Trono planetário de natureza celestial.

Se são chamadas de encantadas de Oxum, isso se deve ao fato de todos os seres que vivem neste reino trienergético serem de natureza feminina e todas elas, sem exceção, como que por um encanto, trazem qualidades, atributos e atribuições da Orixá maior Oxum, regente planetária ocupante do trono Oxum.

Assim todas as encantadas de Oxum, ao se manifestarem nas cachoeiras ou nas tendas de Umbanda, são Orixás Oxum, pois são graus do degrau celestial Oxum e, por serem seres em tudo análogos a ela, a regente, também são Orixás, mas... Orixás encantadas, pois têm permissão para atuações limitadas aos locais onde se manifestam, sob a regência mental planetária do Trono Oxum. E se são encantadas, é porque jamais encarnaram. São seres que têm, em suas formações energéticas, apenas três elementos básicos (ar – água – mineral) e muitas energias mistas (minerais compostos).

Se tudo isso é encantador, talvez aos céticos, aos dogmáticos e aos iniciados espalhados dentro do Ritual de Umbanda Sagrada, assim como em outros rituais, muito mais encantadora é a revelação que agora passo: todos os espíritos humanos ainda vivendo seus ciclos reencarnatórios, ou se preparando para um novo estágio evolutivo, já foram, dentro de alguma dimensão trielemental ou tridimensional, seres encantados semelhantes às encantadas de nossa amada regente Oxum.

Eu repito: todos nós, seres humanos, já fomos seres encantados semelhantes às encantadas de Oxum, às de Iemanjá, de Nanã, de Iansã, de Ogum, de Oxóssi, de Xangô, de Ibeji, de Obaluaiê, de Omolu e, um dia, haveremos de ser, todos nós, encantados de Oxalá, doador universal da luz que embeleza e vivifica tudo alcançado por ela.

Cada Trono rege um degrau planetário que, por meio dos seus graus, espalha-se por todo o planeta e encaminha mentalmente os seres na direção que devem evoluir.

Existem degraus ígneos, aquáticos, terrenos, aéreos, cristalinos, minerais, celestiais, universais, cósmicos, elementares, espirituais, angelicais, naturais, etc.

Os degraus universais atuam pelo polo positivo do espírito humano.

Os degraus cósmicos atuam pelo polo negativo do espírito humano.

Já os degraus celestiais atuam tanto sobre o polo positivo quanto no polo negativo dos espíritos humanos, mas a atuação é mais intensa por meio dos sentidos.

Enquanto os degraus universais e cósmicos atuam pela consciência para chegar ao corpo espiritual, os degraus celestiais, por terem duplas ou múltiplas polaridades, atuam pelo mental e a partir dele chegam aos sentidos do ser, guiando-o na direção que melhor se mostrar para o estágio evolutivo.

Assim, na Umbanda Sagrada, toda ela regida por Tronos celestiais, caso um médium tenha mais afinidade com o fogo, Ogum ou Xangô nele se manifestará mais acentuadamente; se for com o ar, Oxalá, Iansã ou Oxóssi é que se manifestarão; água será Nanã, Iemanjá e Oxum; terra será Obaluaiê, Obá, Omolu, Xangô, Ogum. Cada um em correspondência energética e mental com o mental e corpo elementar básico do médium.

Todos nós um dia fomos seres duais, em que absorvemos nosso elemento negativo.

Nos elementos básicos, éramos seres indiferenciados. No estágio dual, nossa natureza nos mostrou que uns eram machos e outros fêmeas. No terceiro estágio, regidos pelos tronos do Criador, e encantados por eles, descobrimo-nos como seres que amam, têm fé, apreciam a lei, gostam de aprender, de ajudar e de conviver com todos os seres afins que habitam as mais diversas dimensões dentro do todo planetário.

Deus, nosso Pai original, vendo que não podíamos, sendo água, ir até o nosso "irmão" do fogo, facultou-nos o estágio evolutivo humano em que absorvemos o quarto elemento básico e nos habituamos em espírito a alcançar todos os outros reinos, dimensões e planos da criação acomodados dentro deste planeta abençoado por ele, o Senhor nosso Deus.

O estágio humano da evolução não é aquilo que alguns tolos afirmam: uma queda!

Isso não!

O estágio humano é onde acontece a "sublimação" dos seres originais, evoluindo pelas dimensões elementares.

É no estágio humano que a fé abrasadora se equilibra com o sentimento de amor a Deus e aos nossos semelhantes, e adquirimos um imenso conhecimento devido à convivência com os contrários; conhecimento este que nos leva a fortalecermos ainda mais nossa crença na firmeza dos princípios que nos regem e nos faculta o nobre sentimento de amor pelo Criador e por toda a sua criação.

Amor é água
Firmeza é terra
Fé é fogo
Conhecimento é ar

Só com fé no nosso Criador e amor aos nossos semelhantes nos assentamos (firmamos) segundo os princípios divinos que nos regem e nos habilitamos a ocupar o grau que a nós, espíritos humanos, Deus tem reservado na sua imensidão celestial.

Quando um Trono vê que um grau seu se expandiu tanto a ponto de se tornar um degrau em si mesmo, tem-no como pronto para galgar mais um degrau em sua evolução. Este novo degrau acolhe seu mais novo grau, ampara-o e o conduz mentalmente, até quando, mais uma vez, terá o grau se tornado um degrau em si mesmo, habilitando-se a galgar um novo degrau, mais abrangente ainda que aquele em que está assentado.

Degrau é isto: um Trono planetário "monitorando" a evolução dos seres aptos a viver em seus domínios e a evoluir segundo os princípios divinos que os regem.

Iansã, Ogum, Omolu e Nanã são degraus de natureza ativa, magnética e energeticamente falando.

Iemanjá, Xangô, Oxóssi, Oxum, Obaluaiê são degraus de natureza passiva, magnética e energeticamente falando.

Assim, se um espírito humano é ativo, um Orixá ativo irá conduzi-lo até que absorva a passividade do seu polo oposto, e vice-versa. Cada Orixá é um degrau em si mesmo, pois, na hierarquia divina, são Tronos celestiais regentes de reinos e dimensões celestiais.

Aqui eu paro, senão acabarei transformando um pequeno comentário em um volumoso livro de revelações dos Orixás, meus amados regentes, que têm me sustentado, amparado e conduzido rumo ao meu degrau em mim mesmo.

Nota: Existem duas vias de evolução para os seres encantados:

Via Passiva: Evoluem por contemplação do plano material. Não entram no ciclo reencarnacionista e limitam-se a amparar os espíritos humanos, vivendo no plano material ou espiritual. E com isso vão absorvendo por um processo osmótico ou assimilativo as energias irradiadas pelo elemento básico que ainda lhes falta, acumulando-as em seus mentais até que esse acúmulo atinja uma densidade em equilíbrio energético com os outros três, já absorvidos. Tendo então formado esse acúmulo, a semente original (mental) abre, no íntimo do ser encantado, fontes internas geradoras de energias do elemento que lhe faltava. Esta é a via de evolução passiva, interna ou esotérica.

Via Ativa: Evoluem revestindo seus corpos energéticos com um corpo (envoltório) espiritual tetraelemental que irá protegê-los durante as múltiplas encarnações até que tenham alcançado um estágio evolutivo em que seus sentimentos, guiados por suas consciências, abram, em seus íntimos, fontes geradoras de múltiplas energias, positivas ou negativas, magneticamente falando.

A primeira via, a passiva, é chamada de via coletiva. A segunda via, a ativa, é chamada de via individual. Na coletiva o ser continua sendo um ser encantado, pois faz parte de uma dimensão sempre homogênea, energética e magneticamente falando. Na segunda via, ou individual, o ser passa por todo um processo de individualização, até que sua consciência o conduza de volta ao todo, mas já num estágio "superior" da evolução.

Na via passiva, os seres são como membros de uma tribo, que se mantiveram puros, ou seja, não se misturaram com outros povos e outras raças. Neste caso, há uma quintessenciação genética, em que todos se parecem, em todos os sentidos: aparência, gosto, crenças, etc. Já na via ativa, os seres (espíritos) vão se miscigenando, ou seja, vivem uma encarnação entre chineses, e adquirem aparência, gosto, crenças, etc., chinesas. Em outra reencarnam numa tribo africana, e aí assumem as aparências, características, etc., para, mais adiante, reencarnar numa tribo ariana, semita, americana, etc., até chegar onde hoje vive: um meio multirracial, cultural, religioso, evolucionista.

Os Orixás e suas Atribuições nas "Naturezas"

Comenta: Ogum Beira-mar, G. M. L. C.

Comentar as atribuições dos Orixás nas "naturezas" é abrir os mistérios regentes de diversas dimensões mistas ao conhecimento humano material.

Se, de um lado, é preciso muita atenção, porque são mistérios em si mesmos, por outro lado, isso se faz necessário, uma vez que é tão pouco o que os espíritos encarnados sabem sobre eles.

E porque tudo tem sua hora, é chegado o momento de comentarmos mais profundamente o mistério Orixá que, ao contrário do que imaginam os detratores dos rituais afrobrasileiros, Umbanda Sagrada e religiões africanas não são espíritos "baixos", no dizer de uns, ou demônios malignos, no dizer de outros.

Eu, Ogum Beira-mar, se aqui nomeio os detratores, assumo toda a responsabilidade diante do Criador e de suas leis imutáveis, pois "vejo" por trás deles e identifico em suas críticas malévolas algo mais que simples ignorância. Identifico uma má-fé imensa em criaturas que enxergam nos cultos aos Orixás a pá de cal sobre suas mesquinhas ambições de dominação do consciente religioso coletivo do brasileiro, assim como de muitos outros povos.

Aqueles que criticam por ignorarem os fundamentos sagrados dos Orixás, a própria ignorância puni-los-á. Quanto aos "falsos pastores", este, não tenham dúvidas, haverão de cair de joelhos diante dos executores da lei, pois ao impingirem aos Orixás sagrados tão degradantes adjetivos e qualificativos, estão blasfemando contra Tronos divinos regentes de reinos naturais da criação, responsáveis por muitos bilhões de seres, espirituais ou elementares.

Por que faço este alerta aos "maledicentes"?

Se o faço é porque nenhuma blasfêmia fica impune, seja ela dita por má-fé ou por ignorância. E nas trevas já começa a "cair" um novo tipo de espírito que se julgava no "paraíso": "o vendedor de céu"! Toda uma "casta" de Exus de lei, que odeiam espíritos blasfemadores que lançam ignomínias contra os Orixás sagrados, já se quintessenciou, pronta para executá-los segundo os ditames das leis que os regem: as religiosas.

Fariam melhor para si mesmos, estes falsos prosélitos de falsas verdades, calando-se, pois toda vez que pronunciam o nome de um Orixá sagrado com más intenções, mais próximos dos Exus executores da lei se colocam. E, porque Exu aprecia a execução final dos maledicentes, para esses críticos maldosos só um fim os aguarda: cair nos domínios da lei regidos por Exu, que os acolherá prazerosamente!

Sim, isso acontecerá a todos os que, por má-fé, criticam os Orixás sagrados, pois como relatou no capítulo anterior, e muito claramente, nosso irmão Seiman Hamiser, os Orixás sagrados são Tronos planetários regentes de dimensões mistas em que, de um lado, evoluem seres denominados de encantados e, de outro, processa-se a evolução do espírito humano.

E para os incautos, ignorantes ou ainda em fase de aprendizado, tenho a dizer que o termo "trono", dentro da linguagem religiosa, tem o significado exato que nos livros religiosos lhe dão: seres de Deus que regem toda a criação.

Mas, mesmo os que escrevem tantas coisas sobre "anjos cabalísticos" desconhecem que na hierarquia celestial os Tronos são regentes das muitas dimensões em que ocorrem múltiplas evoluções, todas processadas no mental divino do divino Criador o Lorum.

Anjos existem, e há os que atuam nas esferas universais e nas esferas cósmicas em nível planetário, todos cuidando dos seres em suas evoluções espirituais.

Arcanjos existem, e há os que, a partir da faixa celestial, cuidam da passagem de um estágio evolutivo para outro dos seres colocados sob suas "guias".

Potestades existem, e há as que, a partir da faixa celestial, cuidam do destino de todos os seres após suas passagens (saída de um meio e ingresso em outro).

Tronos existem, e há os que, a partir da faixa celestial, dão sustentação magnética, energética, vibratória, mental, consciencial e emocional aos seres em evolução, pois são seres regentes dos meios e dimensões em que a "vida" se processa.

É certo que na "angelologia" existente no plano material não especificam claramente isso que acabamos de dizer aqui, talvez por temor de revelarem mistérios sagrados da criação ou por ignorância mesmo.

Querubins são seres que regem os reinos da Natureza em que se processam evoluções de seres da naturezas "vegetais" e dos que classificamos como inferiores por não possuírem um racional, ou consciência. São os reinos habitados por seres classificados como: aves, répteis, anfíbios, etc. Esta é a atribuição dos querubins: zelar pela harmonia da vida num meio multievolutivo como é o meio humano.

Serafins existem, e são os responsáveis pelas "relações exteriores" deste abençoado e divino planeta em que vivemos.

Os serafins, em suas volições celestiais, mantêm este todo planetário em perfeita sintonia com todas as evoluções em processamento em outros orbes celestiais, evoluções estas que, nem sempre, ou raramente, acontecem na mesma dimensão do universo material humano.

Nós sabemos de evoluções nessa mesma dimensão, mas estão fora do alcance da ciência material humana para que não interfiram umas com as outras.

Elas acontecem em orbes localizados a bilhões de anos-luz, em outras galáxias em que existem sistemas solares semelhantes ao nosso.

Através de vórtices especiais, guardados por serafins, é possível chegar-se a estes orbes em que seres muito parecidos com os humanos lá evoluem.

Muitos milhões de espíritos humanos já foram conduzidos a outros orbes para continuar seus estágios evolutivos, assim como muitos milhões já foram trazidos até nosso orbe para aqui continuar suas evoluções.

Em um corpo humano, bilhões de células realizam suas funções automaticamente; em uma sociedade, bilhões de seres, humanos ou não, realizam suas funções automaticamente; no universo, bilhões de orbes realizam suas funções automaticamente.

Em todos os lugares tudo se processa automaticamente, pois tudo e todos são regidos por inalteráveis leis da criação, regidos por Deus, nosso Senhor e divino Criador.

Aí chegamos aos Orixás sagrados, Tronos por excelência divina, e seres regentes das "naturezas".

Colocamos aspas em naturezas, pois os Orixás não são só o que os filhos de fé imaginam: "devas" da natureza encontrados na montanha, na cachoeira ou no mar.

Os Orixás, ocupando os Tronos dos muitos degraus existentes, regem toda, repetimos, toda a criação dentro desta esfera em que vivemos.

Desde as dimensões originais, já abordadas em outros comentários, os Orixás sagrados, Tronos regentes da criação, velam pelo crescimento interno e externo do ser.

Em um crescendo evolutivo, vamos encontrando Orixás sagrados atuando por meio de múltiplas naturezas em todos os estágios evolutivos processados nas muitas dimensões que formam nosso orbe planetário.

Hindus, egípcios, persas, gregos, africanos, aborígenes, etc., cada um ao seu modo, tempo e lugar, tentou interpretar essa heterogeneidade evolutiva, associando "deuses" a seres da natureza, tais como serpentes, aves, bois, cães, etc.

A falta de identificadores materiais análogos, devido à grandeza dos mistérios descobertos, conferia a eles fenômenos da Natureza, tais como raios, tempestades, chuvas, trovões, relâmpagos, etc.

Ou os comparavam a corpos siderais, tais como: Marte, Vênus, Urano, Plutão, Saturno, Júpiter, Lua, Sol, constelações, estrelas longínquas, etc.

E chegamos ao panteão religioso africano, em grande parte influenciado pelos gregos, fenícios, egípcios, persas, hindus e árabes, estes mais recentemente, assim como não podemos deixar de citar a influência cristã desde meados do milênio passado até os dias de hoje.

E se não houver, por parte dos próprios adeptos do culto aos Orixás, uma reação científica aos golpes desferidos no norte da África pelo Islamismo e no restante do mundo pelo Cristianismo, logo Orixá será sinônimo de ser diabólico, pois os que em solo brasileiro atentam contra os Orixás sagrados são parte da mesma corrente de seres que estão invadindo a África, pregando suas religiões mercantilistas que "negociam Deus" como se fosse mais um artigo de fé a ser vendido a infelizes espíritos encarnados, espoliados por todos e de todas as maneiras.

Essa corrente mercantilista é toda composta de espíritos oriundos de outro orbe sideral, que, tendo estacionado mentalmente, foram trazidos para cá evoluírem numa nova direção.

Mas estão repetindo os mesmos erros cometidos.

Só que não contavam com a participação, em seus processos evolutivos, da entidade, cósmica e negativa por natureza e formação, chamada Exu, o executor por excelência dos blasfemadores.

Pois os Tronos celestiais ocupados pelos Orixás sagrados têm por atribuição conter as pessoas desumanizadas pela insensibilidade e pela ignorância religiosa.

Se a natureza de um espírito se tornar insensível, às trevas ele será enviado para esgotá-la. E aí, ou os já famosos "demônios" farão isso, ou então, a partir de domínios negativos localizados dentro da esfera celestial, os Exus executá-los-ão, devolvendo-lhes o sentido de respeito pelas religiões alheias. Nisso, Exu é o mais especializado dos executores da lei do Carma.

Isso é uma das atribuições dos Orixás sagrados, os Tronos regentes das múltiplas naturezas existentes no orbe em que habitamos, porque houve um tempo em que a divindade criadora era reverenciada por meio de rituais realizados em pontos de forças da Natureza.

Mas, a partir de uma vontade do próprio Criador, toda corrente cósmica de seres estacionados em outro orbe aqui veio retomar sua evolução.

E como não podia ser diferente, apesar de colocados ante a beleza e divindade dos Tronos regentes, desvirtuaram todo um processo evolutivo existente no ciclo reencarnatório, tornando tudo confuso.

Mas isso ocorreu há muito tempo e muitos dessa corrente cósmica já se libertaram de seus vícios ancestrais, enquanto outros se assentaram nas esferas negativas, de onde "animam" e sustentam esses falsos pastores, mercantilistas por causa de suas naturezas viciadas pelo desejo do poder e a volúpia da riqueza material.

As vezes, observando o quanto são religiosamente mesquinhos se comparados à generosidade, compreensão e tolerância dos Orixás, sentimos pena deles. Mas em outras, vigiando seus movimentos insidiosos contra os Orixás sagrados regentes deste orbe, a eles cedido para despertarem suas consciências petrificadas no tempo, não deixamos de pronunciar a já tão propalada frase: "A cada um, segundo seu merecimento!". Pois as atribuições dos Orixás não se limitam a "receber" oferendas nos pontos de forças da natureza.

Orixá está mais presente na vida dos seres humanos do que imaginam os mais cultos filhos de fé.

Ou vocês ainda não meditaram as razões de um adepto de outra religião, que jamais "pisou" uma tenda de Umbanda, quando o faz pela primeira vez, já deixa visível e patente que é acompanhado por "guias" da direita e da esquerda?

Meditem nesse fato e descobrirão coisas interessantes sobre as atribuições dos Orixás nas mais diversas naturezas planetárias.

Porque ainda que a maioria isso desconheça, Lúcifer nada mais é que um guardião negativo de um ponto de força em que todas as 77 dimensões planetárias se encontram, ponto de força este regido pelo ser celestial e regente planetário Oxalá.

Lúcifer é apenas um desses guardiães negativos, pois existem outros 76!

E todos foram deslocados dos pontos de forças localizados na esfera celestial e assentados nas esferas cósmicas de onde, desde a vinda dessa corrente extraterrena, têm se dedicado a acolher os blasfemadores, os apóstatas, os infiéis, etc. e esgotá-los em seus negativos por meio de recursos cósmicos por excelência.

Mas, desde que foram deslocados pela lei, esses guardiães assentados nas esferas negativas vinham negando-se a respeitar seus próprios limites, e uma das missões celestiais do Ritual de Umbanda Sagrada é reconduzi-los aos pontos de forças negativos da Natureza, em que, integrados às linhas de lei como Exus, retomarão suas evoluções.

Muitas são as atribuições dos Orixás sagrados, além de velarem pela harmonia energética interdimensional, pois dela dependem bilhões incontáveis de seres elementares que evoluem em paralelo com os seres espirituais.

E todos os reinos elementares, repito, são regidos por Tronos celestiais conhecidos por Orixás sagrados.

Além dos quatro reinos puros (água, terra, ar e fogo), existem 77 outras dimensões derivadas delas, mas de naturezas mistas, que são dimensões compostas.

As quatro dimensões elementais básicas são regidas por Tronos planetários (arcângelos) ligados mentalmente ao Trono divino que rege toda a criação em todo o Universo.

Esses quatro Orixás elementais puros se ligam ao celestial Oxalá e, a partir daí, todas as 77 dimensões compostas se interligam, interagem e intercomunicam, tal como acontece no corpo humano, em que os órgãos que formam aparelhos agem sempre visando ao bem-estar do ser.

Pois os Orixás também agem através do ser humano em três níveis: mental, consciencial e energético.

Múltiplas são as atribuições dos Orixás, e basta a um estudioso ver como se processam os trabalhos dentro do ritual africano tradicional ou na Umbanda Sagrada para perceber que eles não se limitam a despertar a fé nos seus adeptos, como ocorre nas religiões unidirecionadas.

Os Orixás interferem na vida do adepto em todos os níveis: acolhe-o, sustenta, desenvolve, instrumentaliza-o mediunicamente para receber energias e influências mentais diretas de todos os Tronos regentes assentados na Natureza.

Orixá é mistério da criação e, como tal, também é poder mágico por excelência.

E magia divina é o que aguarda mais adiante todo mediador de Umbanda esforçado, persistente e perspicaz, pois somente é mago aquele que está apto e habilitado a manipular mentalmente as energias elementares existentes na natureza visível ou invisível, palpável ou sensível, e positiva ou negativa.

Outras atribuições dos Orixás sagrados?

Ora, meditem! Entre uma gira e outra, os Orixás sempre concedem a vocês um tempo de descanso para meditar.

Assim fica difícil?

Bem... mas quem foi que falou que servir os Orixás sagrados, senhores dos Tronos regentes da natureza é tarefa fácil?

Ou será que imaginavam que servir os Orixás seria tão fácil quanto seguir os "falsos pastores", que a primeira coisa que fazem é proibir seus "fiéis" de pensar por conta própria?

Nada disso, filhos de fé e filhos de santo!

Uma das principais atribuições dos Orixás é justamente instigar nos seus adeptos a faculdade de "pensar", porque só assim um dia vocês também estarão aptos a se assentarem em seus graus ou degraus e auxiliar a eles, os Orixás regentes, a reger essa grande corrente evolucionista processada através das múltiplas reencarnações.

Mas caso prefiram se acomodar, então "cuidado!". Outra das atribuições dos Orixás é não permitir que aconteçam estagnações mentais. Mas quando ocorrem, pois estão "lidando" com espíritos humanos, logo enviam Exu para revirar as estagnações e descobrir se ainda resta ao menos um pouco de humanismo justamente no ser chamado de ser humano!

As bênçãos de Oxalá a todos vocês, filhos de lei!

O Magnetismo Humano

Comenta: Pai Benedito de Aruanda, M. L.

Comentar o magnetismo humano é falar de um padrão energético vivo na acepção do termo, porque o ser humano não é exatamente o que aparenta: carne e ossos! Isso para ficarmos no ser vivendo no plano material.

Em capítulos anteriores, foi abordado o corpo elementar básico do ser e seu campo. Assim como já se comentou que, no estágio dual da evolução, um corpo e um campo sensitivo (emocional) foram concebidos, gerando uma bipolaridade energética no ser e formando um magnetismo próprio que irá conduzi-lo ao encontro daquilo que o satisfaz e o afastará do que o incomoda.

Esse magnetismo, a partir do estágio dual da evolução, sempre será influenciado pelo emocional, quer concordem ou não, pois temos um corpo emocional hipersensível que pode nos levar à vivenciação de prazeres viciados que desvirtuam nossos sentidos básicos.

Mas até isso faz parte de nossa evolução, que também nos faculta o acesso à razão e ao equilíbrio racional em meio a tantas contradições à nossa volta.

Ou o fato de alguém ser "pobre", materialmente falando, é motivo para desesperar-se ou revoltar-se contra os mais bem favorecidos pela sorte?

Não, é a resposta. Mas ser pobre não quer dizer que devamos nos conformar com as sociedades injustas e semeadoras da miséria humana, que degradam o ser naquilo que de mais valioso ele possui: a natureza íntima.

As sociedades, por formação e pelo próprio termo (sociedades), já são prenúncios de injustiças.

Mas, se limitadas somente a alguns de seus aspectos formadores, os seres usam o dom do raciocínio e se acomodam de uma forma aceitável aos seus emocionais.

Agora, quando a sociedade é injusta em muitos dos seus aspectos, ou criam seres emocionalmente apáticos, o que não é bom para a evolução deles, revoltas são fomentadas visando a alterações no *status quo*, no "estado estabelecido". E isso também não é bom para a evolução dos seres, pois na maioria dos casos a insensibilidade social apenas é transferida de um grupo para outro.

É esse o ponto básico que queremos abordar neste comentário. Ao contrário do que muitos imaginam, as sociedades humanas são injustas devido às alterações nas polaridades energéticas ocorridas, que tornaram o magnetismo dos seres altamente negativo.

As "soluções finais" somente são intentadas por seres humanos magneticamente negativos.

A besta nazista e sua legião só fizeram aquilo com todo um povo (os alemães), induzindo toda uma sociedade a aceitar como "racional" uma "purificação étnica" devido à magnetização negativa dos sentidos de seres tão sensíveis à dor e aos sofrimentos humanos quanto as próprias vítimas do nazismo.

Lênin, Stálin e seus sucessores revoltaram-se contra uma sociedade extremamente injusta, mas, por estarem animados por um magnetismo negativo, não conseguiram operar as transformações já acontecidas em outras partes da Europa, senão à força e à custa de muitas vidas humanas, porque o magnetismo que os animava era negativo e autofágico.

Aqueles que estavam no topo da hierarquia se mantinham somente por meio da eliminação física, mental e emocional dos que desejam dar sua "contribuição" à revolução.

Maior autofagismo que o que despertou o comunismo não assistimos até hoje. Outro igual somente na Roma imperial, onde um áulico destruía outro apenas para ocupar seu lugar de "preferido" do imperador.

Mas não se preocupem, porque não desejamos fazer comentários políticos ou lançar críticas a nenhuma sociedade humana.

Nosso objetivo é bem outro e, se recorremos a alguns acontecimentos históricos, isso se deve unicamente a estabelecer uma referência para que possamos descrever o perfil do magnetismo humano, alterado a partir da colocação de objetivos inatingíveis pelo ser.

O devaneio nazi-fascista, a utopia comunista, ou a soberba romana criaram expectativas muito além do potencial e da capacidade de realização do ser humano. As premissas defendidas por eles não se aplicam às sociedades humanas, e muito menos aos seres humanos, desiguais por natureza, formação e evolução, mas que se aprimoram moral, intelectual e emocionalmente somente a partir da convivência equilibrada dos contrários entre si, e em meio às próprias contradições geradas pelas sociedades em que vivem.

Convivendo com os contrários para amoldar-se, um ser evolui emocionalmente sem alterar seu magnetismo mental.

E nessa convivência "pacífica" entre os contrários, as soluções finais não encontram eco e nem a apatia coletiva impregna uma sociedade, lançando-a no retrocesso cultural ou na estagnação da sua criatividade.

No ser humano, a cultura significa a sublimação de seus instintos e o desenvolvimento; criatividade é a manifestação dessa sublimação por meio da inteligência humana.

São essas coisas que distinguem a espécie humana de todas as outras existentes no meio material em que vive.

O magnetismo humano, quando positivo e em sintonia com a natureza humana, permite uma expansão significativa da cultura e um uso geral dos sentidos. Mas se for negativo, a tendência é uma contração ou concentração da cultura e a opção de uma linha de conduta centralizada em apenas alguns sentidos, porque a criatividade é toda direcionada para um objetivo isolado que ou o ser atinge seu objetivo ou se sentirá um fraco.

O ser magneticamente negativo não concede a si mesmo a falibilidade humana, e com isso não se permite uma revisão de conduta diante de vários problemas surgidos ao mesmo tempo: como é adepto das soluções finais em todos os sentidos, se for criticado reage com violência.

O "César" era assim; Hitler e Stálin também o eram. E assim são todos os seres que normalmente são classificados como desequilibrados, pois pobre daquele que ousar desviá-los da conduta que impuseram a si pelo seu magnetismo negativo: reagem com violência e chegam até a jurar a morte a quem os "afrontou". Para um ser magneticamente negativo, tudo é uma afronta ou um desafio.

Essa conduta e reação não se restringem somente aos até agora citados. Esse magnetismo negativo é possessivo, e um marido ou esposa ciumentos tomam como um perigo para si, quando alguém se aproxima de seu parceiro.

O ser ambicioso reage da mesma maneira, em se tratando daquilo que ambiciona, seja uma amizade ou um bem, e mesmo um conhecimento, pois a posse deste vem distingui-lo na sociedade em que vive.

Aqui chegamos ao ponto central da polaridade do magnetismo humano: ele vibra em sintonia com os sentimentos mais íntimos do ser.

E chegamos ao ser virtuoso ou viciado, pois o magnetismo está relacionado com o pensamento mais íntimo sobre como ele deve se conduzir na sociedade em que vive.

Um ser aparentemente positivo pode ser magneticamente negativo, e vice-versa.

Mas aos olhos dos estudiosos, por faltar um parâmetro comparativo, nem sempre é possível identificá-los.

Aí entram os sensitivos, dotados de uma capacidade ímpar para identificar os seres magneticamente positivos dos negativos.

Geralmente, afastam-se dos negativos, porque para conviverem com eles terão de restringir-se a si próprios.

Mas quando isso não é possível e são obrigados a conviver com seres negativos, seja por motivos familiares ou econômicos, e mesmo religiosos, passam a ser pessoas incomodadas porque, além da antipatia natural, os seres magneticamente negativos não são doadores de luz, mas sim absorvedores da luz daqueles que com eles convivem.

Por isso é muito comum acontecer de, numa reunião de amigos, chegar alguém esgotado, apático, desinteressado, para, algum tempo depois, estar energizado, ativo e enturmado. Seu magnetismo negativo absorveu energias dos que estavam à sua volta.

O magnetismo humano consegue fazer isso tão sutilmente que não percebemos. Vivendo no corpo carnal, nossa visão comum não nos permite ver esse processo de transferência de energias.

Tudo isso acontece por causa desse magnetismo.

Ele influi em todos os níveis vibratórios, por meio dos sentidos, por polaridades magnéticas elementais e por afinidades mentais, culturais, religiosas, e mesmo emocionais ou sexuais, pois é muito comum, num casal, um "roubar" as energias sexuais do outro pela simples proximidade.

Todas as doenças chamadas cármicas e as de fundo emocional ou psicossomáticas têm origem porque o ser está magneticamente negativo, ou já esteve.

Todas as doenças nervosas acontecem devido ao que o ser vibra, ou provêm de acontecimentos passados que ainda latejam em seu íntimo.

No vibrar estão os sentimentos recentes não realizados, e no latejar estão aqueles que o ser já nem se recorda mais, todavia que podem ter surgido em outras encarnações.

Na medicina espiritual o ser é estudado através de seu campo magnético, de seu magnetismo pessoal e de sua memória imortal, onde estão impressos todos os acontecimentos já vividos por ele.

Muitos estudiosos tentam penetrar o íntimo do ser estudando sua aura, ou aquilo que convencionaram chamar de corpo causal, ou das causas.

Mas estão agindo como de fora para dentro, porque tentam chegar às causas observando o reflexo exterior de sentimentos íntimos, ou de latejares somente localizáveis por meio da memória imortal, geralmente adormecida pelo ato reencarnatório.

Estudar o ser a partir do seu corpo causal é o mesmo que tentar identificar a doença a partir da aparência enferma do ser.

E, porque a copiologia tem sido a regra nos meios espiritualistas, uns vivem a vasculhar escritos alheios tentando descobrir onde podem "inovar" o irrenovável, e todos se limitam a impor sua visão pessoal sobre um assunto genérico.

Ater-se unicamente aos aspectos exteriores do ser irá levá-los a lugar nenhum.

Aos médiuns sensitivos, corretamente doutrinados, é possível penetrar a memória imortal de um ser encarnado a partir de um simples registro fotográfico recente. Uma fotografia de corpo inteiro da pessoa, desde que sozinha na chapa fotográfica (pois "fotografia" significa grafia luminosa). Isso é possível, porque o "click" capta o negativo da pessoa fotografada.

Não estamos falando aqui do filme negativo, que fique claro isso.

O negativo a que nos referimos é o campo emocionalmagnético que também é "fotografado".

O médium sensitivo, em equilíbrio e isolado do contato com outras pessoas, segura a fotografia na mão esquerda, colocando seu polegar sobre a testa da pessoa fotografada, e por trás da foto, e em oposição ao polegar, encosta a ponta do terceiro dedo, o médio, fechando um campo energético muito sensível que, por afinidades eletromagnéticas, irá colocá-lo em contato com a memória imortal adormecida da pessoa fotografada.

Os índios tinham certa razão ao não se deixarem fotografar, pois temiam que lhes roubassem a alma.

Roubar não é o caso, mas que, numa simples fotografia, bem longe do fotografado, conseguem-se muitas informações que ele próprio desconhece.

A psicometria e a magia são fundamentadas nesse magnetismo pessoal, que todos nós possuímos, além de atuar em outros níveis, porque também age por irradiações energéticas.

Por meio de uma fotografia consegue-se atingir uma pessoa ou ajudá-la. E isso só é possível por causa desse magnetismo humano, tão pessoal e íntimo que é intransferível.

Um sensitivo altamente treinado e com um mental poderoso, magneticamente falando, pode mergulhar tão fundo na psiquê (alma) do ser por meio de uma fotografia, que consegue alcançar encarnações vividas milênios atrás, unicamente pelos sentimentos íntimos não realizados, ou efetuados negativamente pelo ser em estudo, já que sua memória imortal tem tudo gravado, tal como numa fita magnética.

Essa memória imortal forma-se à semelhança do tronco das árvores ou das camadas das rochas sedimentares: em círculos concêntricos onde vão sendo gravados todos os momentos que mexem com o magnetismo mental do ser.

Os discos de vinil ou os CDs eletromagnéticos dos computadores fazem a mesma coisa: vão gravando uma canção ou uma conversação em ordem tal que, se quisermos ouvir novamente um trecho dele, basta recolocar a agulha decodificadora no lugar exato que desejamos.

Tudo isso é magnetismo, e no ser humano o corpo causal é apenas a chapa que vibra os acontecimentos grafados na memória imortal que, caso não saibam, é um campo eletromagnético localizado dentro do mental, que não é maior que um ovo de galinha de tamanho médio.

Com isso explicado, saibam que se o médium sensitivo tiver a faculdade e sensibilidade adequadas, captará cada encarnação da pessoa em estudo, assim como associará corretamente "disfunções" emocionais a situações traumáticas ocorridas muitos séculos antes da encarnação atual. O hipnotismo é outra maneira de se conseguir isso, mas bem mais limitada.

Com isso cremos ter deixado claro que o mental é a "partícula" fundamental a ser examinada numa pessoa em desequilíbrio emocional, espiritual e mental, pois ocorrências passadas marcam o corpo causal. Somente uma busca no passado poderá indicar a verdadeira causa do desequilíbrio assim como as ligações magnéticas com planos ou esferas negativas, porque os semelhantes só se atraem por causa das afinidades magnéticas, sejam elas positivas ou negativas.

Ninguém vive bem ou mal apena s por causa do seu meio, ainda que este exerça influências. Mas o meio atua na formação da consciência, ao passo que os sentimentos influenciam o magnetismo do ser.

Doenças mentais não surgem somente em razão de desequilíbrios hormonais ou degenerações genéticas.

Doenças físicas não aparecem só por causa em razão de desequilíbrios biológicos ou infecções por microorganismos.

O magnetismo tem muito a ver com todas as doenças.

Até o magnetismo local pode predispor os seres humanos a alterações genéticas ou mentais. Mas este é outro comentário a ser feito mais adiante.

Um fraternal e magneticamente positivo abraço!

O Céu e o Inferno na Vida do ser Humano

Comenta: Pai Benedito de Aruanda, M. L.

Ao comentar o magnetismo humano falei que ninguém vive bem ou mal apenas porque o meio em que vive é bom ou ruim. Se isso afirmo, faço-o por conhecer a fundo o lado espiritual da vida, em que vivo atualmente.

Se uso de uma forma bastante coloquial ao comentar certas coisas, é porque aprendi que, quanto menos "cientificismo" eu usar, mais facilmente meus comentários serão compreendidos.

Pois bem, o céu existe e está ao alcance do mais comum dos "mortais", assim como o inferno também existe e está aberto a todos os mortais "incomuns".

Mas num e noutro caso nada é definitivo, enquanto cada um não alcançar um estágio definitivo e sem retorno, devido a compromissos assumidos perante a lei maior que rege a todos. Se espíritos humanos conseguem alcançar o grau angelical numa evolução virtuosa, também, numa evolução viciada, chegam ao grau de demônios.

Mas para se chegar a esses dois extremos o ser precisa passar por alterações profundas em todos os seus sentidos.

Nada ocorre de um momento para outro, e a lei testa os seres de todas as maneiras possíveis antes de direcioná-los para o alto ou para baixo.

E não venham os redentoristas dizer que isso não acontece, porque conhecemos seres já assentados nas esferas negativas que o máximo que aceitam é transferir seus domínios cósmicos para regiões (planos) negativas na faixa celestial, em que, em sintonia magnética com os pontos de forças negativos, continuam a atuar sobre os seres humanos por meio de seus polos negativos.

Observem que falei polos negativos, captadores de energias de natureza cósmica. Logo, nada de pensar que eles desejam atuar através do mal, pois este não é um fim em si mesmo, mas tão somente um meio de aprimoramento dos sentidos ou de esgotamento do emocional viciado e sobrecarregado com as energias negativas, geradas pelo próprio ser humano, a partir das fontes geradoras que seus sentimentos viciados abrem em seu ovoide mental, que o sobrecarregam magneticamente e o tornam passível de ser atraído para algum plano negativo, localizado nas esferas cósmicas (sem luz), magneticamente negativo.

Sim, porque um ser somente vai para o céu ou para o inferno caso já tenha começado a vivenciá-los antes de desencarnar.

1º Caso – A vida de alguém pode até ter sido um aparente inferno, devido aos tormentos de toda sorte que o incomodaram. Mas se reagiu com calma, resignação, paciência e confiança no amparo divino, é sinal de que ele já vivenciava o céu mesmo estando num meio que lhe era hostil.

2º Caso – Por outro lado, alguém pode ter vivido num aparente paraíso material, tendo todo o conforto possível ao seu alcance. Mas, se em meio a tanta bonança, espalhou a dor, a angústia, a revolta e a desconfiança no amparo divino, é sinal de que ele já vivenciava seu inferno mesmo estando na Terra.

No primeiro caso o ser foi testado e tentado a reagir de modo nagativo, mas, em seu íntimo, uma capacidade muito forte de reagir positivamente às coisas negativas tornou-se tão positivo magneticamente que, assim que seu espírito se desligar do corpo material, será atraído para algum plano espiritual positivo localizado em alguma das esferas luminosas, em que continuará vivenciando seu céu interior, num meio que classificamos de céu exterior.

No segundo caso acontece o mesmo, mas de forma invertida. O ser, por ter se sobrecarregado de magnetismo negativo, será atraído imediatamente para algum plano sem luz (trevas), localizado em alguma das esferas negativas. E nele continuará a vivenciar seu inferno interior, num meio que é um inferno exterior.

Se o mal não é um fim em si mesmo, pois este somente o bem o é, no entanto, ele é um meio rápido e eficaz de esgotamento energético, emocional e mental dos espíritos atraídos pelo magnetismo das esferas cósmicas.

Bem, voltando ao céu e inferno na vida do ser humano, o fato é que existem planos energéticos plasmados pelo divino Criador dentro das esferas, e são infinitos, sem um começo ou um fim como é comum nos continentes terrenos. Um plano tem núcleos magnéticos altamente irradiantes, que alcançam todos os espíritos vibrando no mesmo padrão energético e que têm um magnetismo afim.

A esses planos, o espírito é atraído quando desencarna, encontrando um céu ou inferno mais ou menos igual ao que ainda na carne vivenciava.

Quem agiu humanisticamente encontrará espíritos muito humanos. E quem procedeu com extrema desumanidade achará seres muito desumanos, que não só não se sensibilizarão com os reclamos dos caídos, como ainda os induzirão a tormentos atrozes, mostrando-lhes que a dor que despertaram no plano material será a que vivenciarão, e assim será em todos os sentidos.

"A cada um, segundo seu merecimento!", diz a lei maior;
"Quem semeou ventos colherá tempestades!", diz um ditado popular.
"A semeadura é livre, mas a colheita é obrigatória!", afirmou o Mestre divino.

Com isto, ao céu os do céu, e ao inferno os do inferno, dizem os guardiães da lei.

E isso acontece realmente, porque a recompensa daqueles que amam é viver no amor. E a dos que odeiam é viver no ódio. O céu é um bem merecido e o inferno é uma punição necessária, pois um ser magneticamente positivo nunca será atraído pelo magnetismo das esferas negativas, e o contrário também jamais acontecerá.

Somente os mansos (equilibrados) entram no céu. Já o inferno deixa suas portas de acesso abertas aos raivosos na alma, fechando-as para a saída de quem ainda não purgou seus vícios e não se descarregou mental, emocional e energeticamente.

Sem a sutilização do magnetismo, das trevas não se sai, foge ou escapa. Para onde o ser se dirigir, levará consigo o inferno que exteriorizou a partir daquele negativismo latente em seu íntimo.

Diz-se que o vestíbulo do céu é amplo, e o patíbulo do inferno, imensurável.

Mas a verdade é que tanto céu quanto inferno nada mais são que estados conscienciais do espírito humano. E aquele que apreciava semear o terror só deixará de apreciá-lo no semblante de seus semelhantes a partir do momento que for submetido à dor do terror, aí sentirá horror à dor. Na verdade, Deus, o generoso por excelência, não nega a ninguém aquilo que mais deseja e aprecia.

Aos que desejam e apreciam o amor, amor encontrarão.

Aos que desejam e apreciam a dor, dor encontrarão.

A cada um segundo seus desejos e suas afinidades magnéticas, diz a lei maior.

Que assim seja! Dizemos nós.

Trevas, o Abrigo-Prisão na Visão da Lei

Comenta: Seiman Hamiser yê, M. L.

"Nem tudo é o que aparenta ser. Mas tudo o que aparenta ser, com certeza é." (segundo Exu)

"Trevas" aparentam ser um inferno, mas na verdade é o melhor que a lei pode fazer por aqueles que viveram à margem dela no plano material.

Se o inferno aparenta ser uma prisão, não tenha dúvidas de que é o que é.

Os planos da lei nas trevas (esferas negativas) são prisões degradantes para espíritos aviltados, e em nada se diferenciam das prisões existentes no plano material, pois lá como aí são seres humanos que violaram leis, sendo retirados à força do convívio com os respeitadores da lei.

Se alguma diferença existe, ela reside no fato de que a lei maior não precisa de executores, pois ela, por si mesma, retira do meio humano equilibrado os seres desequilibrados.

Por desequilibrados entendam-se os espíritos que se desvirtuaram ou se viciaram emocionalmente, anulando sua razão e capacidade de raciocínio a partir dos princípios divinos que nos regem.

Como ninguém se desequilibra por si mesmo, então atrás de um estão outros, formando uma corrente de desequilibradores.

Assim, seres humanos vivendo no corpo carnal aparentam ser pessoas equilibradas e de um caráter a toda prova. Mas em muitos casos, têm um caráter apenas na aparência, porque no exame de seus íntimos revelam-se portadores de graves desequilíbrios emocionais, de distúrbios profundos em seus sentidos, e alimentadores de vícios indescritíveis.

Para o ser humano comum, que vive no plano material, é muito difícil reconhecer os desequilíbrios que as aparências ocultam, e é fácil detectar aqueles que as aparências mostram. Esta é a razão por que abri este comentário com aquela frase dúbia. Quantas vezes não ocorre a um ser humano ser enganado por causa da aparência de seu interlocutor? Muitas, não?

Aquele lindo casal, que na festa era só sorrisos e encantou a todos pelo respeito e harmonia que aparentava, não resiste a um exame acurado do que lateja em seu íntimos, pois um não entende o outro, ou, até mesmo, sente antipatia pelo seu par. Mas na festa dada aos amigos, eles eram só sorrisos, porque não desejavam que suas discórdias viessem a público.

Outro lindo casal, na mesma festa, também só sorrisos, chega ao cúmulo de dormir em camas ou quartos separados, pois um não suporta a presença do outro.

Aquele senhor, todo moral e respeitoso, se examinado intimamente, revelará que acumulou sua imensa fortuna à custa de muitas vidas humanas, e para seu prazer pessoal sustenta algumas atraentes mocinhas, tolas e desequilibradas também.

Outra senhora distinta, recatada e reprimida, alimenta em seu íntimo desejos inconfessáveis, mas que não os realiza por pudor ou temor sobre o que dirão, a respeito da conduta dela, as "más línguas".

Aquele respeitável e bajulado "policial" defensor da lei, quantas vidas já não tirou com uma frieza incompatível com o "ser humano" que ele é, ou deveria ser.

E por aí, nessa mesma linha, vão muitos outros desequilíbrios muito mais graves, e ocultos pelas aparências.

Tudo isso é possível ser oculto de todos, ou da maioria. Mas o que lateja em seu íntimo nunca poderá ser escondido de sua consciência.

Chega então o momento mais temido pelos seres com fortes desequilíbrios: a "morte"!

É o mergulho da alma imortal, atormentada pelos desequilíbrios do ser, que não deixou tudo para trás junto com o corpo carnal.

O magnetismo do espírito desequilibrado é negativo, e ele automaticamente é atraído para as esferas cósmicas, negativas por excelência. O ser se vê num meio desprovido de luz e entra em pânico, colocando à mostra todo o seu desequilíbrio.

Seu corpo espiritual sofre alterações acentuadas em razão das alterações já ocorridas no corpo emocional, transformações estas de tal monta que muitos espíritos se tornam irreconhecíveis.

E porque os semelhantes, magnética e emocionalmente falando, se atraem, lá vai o ser humano ao encontro dos seus "afins".

As energias negativas circulantes nas esferas cósmicas (trevas ou inferno) são essencialmente "humanas", e por isso estimulam os sentidos fazendo com que o latejar íntimo, e até ali reprimido ou ocultado, vá se plasmando de tal maneira que em pouco tempo o espírito, antes com sua aparência humana, alterado pelo emocional sobrecarregado, exploda nas mais desumanas formas.

E aí, "aquilo que aparenta ser, realmente é", porque o ser já não consegue ocultar de mais ninguém aquilo que ele e só ele sabia sobre si mesmo.

Aquele senhor, todo moral e respeito no corpo carnal, não resiste ao acúmulo energético negativo em seu emocional e transborda para o corpo espiritual, lançando-o nos mais terríveis tormentos, e seus sentidos sobrecarregados energeticamente assumem a aparência do latejar íntimo. E aí, o senhor de moral a toda prova transforma-se num ser bestial movido unicamente pelos desejos ocultos. Instintivamente, procura extravasar as energias acumuladas que, por serem negativas, tornam-no magneticamente ainda mais atrativo, e ele é puxado para regiões ainda mais densas em negatividade.

Aquela recatada senhora, que não realizou seus mais íntimos desejos, numa esfera negativa não tem como contê-los ou ocultá-los, e transbordando de desejos e numa luxúria que a torna irreconhecível aos olhos de quem a conheceu no plano material, entrega-se às mais bestiais e depravadas criaturas que pululam no "ambiente" negativo em que em espírito ela vive.

O "policial" rigoroso vai ao encontro dos "bandidos" que matou e, ou é anulado por eles ou mais uma vez, numa reação emocional violentíssima, "mata-os" novamente, reduzindo-os a farrapos irreconhecíveis.

Onde o ser é o que aparenta ser, as desigualdades acentuam-se, e a lei nivela a todos por baixo. Vítimas e algozes são prisioneiros do meio em que a lei automaticamente os reuniu e aprisionou.

Dessa prisão, tanto o policial quanto os bandidos executados por ele só sairão quando esgotarem acúmulos de energias negativas, anularem seus emocionais, descarregarem em meio aos mais terríveis tormentos sentimentos íntimos viciados e viciadores, e o principal: voltarem mentes e sentimentos para Deus e para o alto.

Pois um ser humano, por mais lamentável que seja seu estado, das prisões das trevas não sai se não "clamar de coração" pela ajuda de Deus.

Isto é a lei!

Deus é a lei, e foi a lei que ali reteve o ser em desequilíbrio que, devido ao magnetismo negativo e sentimentos viciados, para a luz não poderia ser conduzido, uma vez que nela não se sustentaria.

Seria o mesmo que tentar fazer uma pedra pairar no ar aí no plano material. A gravidade da Terra a atrairia assim que fosse solta no ar.

O mesmo acontece com um espírito humano.

Devido ao seu magnetismo, sempre será atraído ou pelas esferas positivas (luz) ou negativas (trevas).

Muitos acreditam que basta fazer a caridade descompromissada que conquistarão um lugar no paraíso. Isso é o cúmulo da ignorância humana! Fazer a caridade, ou melhor, ajudar nossos semelhantes, não nos assegura, o ato por si só, um lugar no céu. Temos que assumir uma consciência positiva acerca dos princípios divinos que nos regem: ajudar é dever. E quem ajuda seus semelhantes menos favorecidos nada mais está fazendo que cumprir com as obrigações para com Deus e Sua lei.

O ato de auxiliar por auxiliar não traz o menor benefício a quem o realiza.

Agora, a ajuda consciente, movida pelos nobres sentimentos que nos impelem ao encontro do nosso irmão que sofre, porque não aceitamos como algo natural seu sofrimento, este sim nos garante um lugar no céu.

E se isso acontece é porque em nosso íntimo lateja um sentimento positivo que nos move no sentido de socorrermos os que sofrem pelas mais diversas razões.

Dar uma esmola a um pedinte sentado numa via pública é obrigação, não caridade.

Mas sentar-se ao lado do pedinte aleijado e conversar com ele, infundir-lhe confiança e esperança em Deus, que o está ajudando ao reter seu espírito indômito num corpo deficiente, isso sim é um ato de caridade, porque ajudará aquele ser, que sofre por ver todos andarem normalmente enquanto ele não, a compreender que não é em vão seu estado físico.

Deus, em sua infinita bondade, retém em corpos físicos deficientes espíritos que precisam reajustar seus emocionais desequilibrados energeticamente. A ciência terrena pode encontrar na genética explicações plausíveis para os defeitos congênitos, mas nunca atinará com as razões da lei divina.

E nunca os cientistas materialistas aceitarão um corpo carnal deficiente como um bem último feito a um espírito muito próximo de um retrocesso em seu todo espiritual.

Assim, também o corpo deficiente dos espíritos retidos pela lei nas esferas cósmicas é um benefício para o ser humano desequilibrado emocional, racional e mentalmente.

Infelizmente muitos espiritualistas se negam a crer que espíritos humanos possam ser aprisionados em corpos plasmados, em tudo semelhantes a feras do reino animal. Mas isso tanto é possível como acontece mais amiúde do que imaginam, mais até do que acreditam ser isso possível.

Agora, não tenham dúvidas de que nas esferas cósmicas isso acontece. É comum encontrarmos cães, serpentes, etc..., nos sombrios domínios da lei nas trevas.

E são todos, sem exceção, espíritos humanos, retidos num corpo deficiente para um ser humano. Na verdade, tais aparências plasmadas pela indução mental-hipnotizadora são abrigos da lei que o auxiliarão até que venha a retornar ao convívio com espíritos equilibrados.

Deus, na sua infinita bondade, não recorreria a um recurso tão drástico se não fosse um bem para o próprio ser que deve ficar estacionado, ou melhor, aprisionado numa forma que ele sabe que não é a sua.

Não pensem que a regra é o espírito plasmar a aparência que deseja. Isso é um privilégio dos servidores da lei nas trevas já conscientes de suas deficiências e conscientizados de que, se falharem, serão recolhidos a corpos piores.

Quem não usou as mãos com sabedoria, terá garras em seu lugar, quando em espírito. E quem se exceder no uso das garras, poderá perdê-las, e aí...

Bem, encontramos os mais assustadores tipos de prisões-abrigo nas trevas mais densas, e todas atendem especialmente aos seres humanos que a elas foram recolhidos.

Duas interpretações podem ser tiradas desse fato.

1º – É um castigo de Deus sobre aqueles que, como seres humanos, por serem humanos, humanamente não agiram. Numa análise limitada e julgamento precipitado está certo: todos os erros são punidos pelas leis divinas!

2º – É um recurso da lei para preservar o ser de uma regressão maior, porque ao se ver preso num corpo que não é o seu, o espírito sofre um choque de tal magnitude que passa a desejar voltar a ter seu antigo corpo humano.

Ficamos com essa interpretação, pois Deus, bondade pura, não castiga ninguém, apenas recolhe na aparência plasmada de uma serpente rastejante os espíritos que, tendo membros, foram para seus semelhantes muito mais perigosos que as mais venenosas serpentes.

Por outro lado, quem já estudou em Biologia os oceanos, ficou sabendo que o fundo dos oceanos é habitado por espécies "abissais", que nada mais são que peixes.

Mas são peixes com corpos resistentes às pressões do meio aquático, capazes de deformar o forte corpo humano.

Esses peixes abissais não têm olhos para a luz, mas tão somente proto-olhos, e vivem bem nos abismos marinhos, onde os peixes de superfície sequer conseguem chegar.

Observando o oceano, é possível entender o magnetismo cósmico das esferas negativas, e de como se processa o adensamento energo-magnético das esferas escuras.

Espíritos que "afundam" muito não suportam sequer a luz do dia, muito menos a exposição à luz das esferas espirituais!

Deus, o Perfeito em si mesmo e a Perfeição por excelência e divindade, tudo considerou quando pensou os seres.

Além disso, só valoriza a luz quem conhece a escuridão. E só entende o bem, como um fim em si, quem conheceu o mal em si mesmo.

As concepções religiosas sobre as trevas ou o inferno continuarão maniqueístas enquanto confundirem dever com caridade. A caridade verdadeira somente acontece quando um espírito, vivendo as benesses das esferas da luz e seguindo o latejar íntimo em seu ser imortal, cobre-se com as vestes simbólicas de um Preto-Velho, Caboclo, Baiano, Boiadeiro e até mesmo de um Exu (pois também existem espíritos da luz travestidos de Exus), baixa sua luminosidade para adentrar os domínios sombrios das trevas e recolher em seus braços irmãos caídos que, gemendo de dor, clamam por auxílio em nome de Deus.

Isso é caridade. Quanto ao resto, ou é dever e obrigação, ou então... desencargo de consciência.

Caridade é acolher uma criança abandonada no aconchego de um lar e de uma família estruturada e equilibrada. Agora, recolhê-las em orfanatos desumanos, isto não é caridade, mas tão somente um resquício de humanismo.

Nota.: Quando o médium cede o corpo carnal para que um sofredor seja curado com o auxílio da vela branca atuando de fora para dentro, enquanto seu corpo atua neles de dentro para fora, ele está fazendo caridade. Portanto, não se deve dar ouvidos àqueles que se travestem de "pais de santo" e dizem que doar o corpo à incorporação de um sofredor impossibilita o médium de receber seus guias ou Orixás. Eles nada conhecem sobre os Orixás ou os guias espirituais, e muito menos sabem de Deus, pois negar tal doação significa tornar-se "pesado" aos olhos da lei.

Àqueles que fazem este trabalho de doação de seu corpo físico, pedimos que continuem pacientemente nessa linha. O mínimo que conseguirão com isso será o céu que imaginam existir.

Luz, a Sublimação do Espírito Humano

Comenta: Caboclo Pena Verde, M. L.

Luz, termo insuficiente para abarcar tudo o que suscita na imaginação das pessoas quando dizemos: nós vivemos na luz!

Luz pode ser a do amor, da fé, do saber, da razão, do conhecimento, da lei e da vida. Cada um desses sentidos traz luz a todos aqueles que os "cultivam" em seu íntimo. E mais que uma aparência luminosa, o ser que vive na luz mostra um estado de espírito.

Tal como foi comentado no capítulo anterior, o magnetismo é o responsável pelo direcionamento do espírito assim que desencarna. E "sobe" apenas o ser humano que, mesmo vivendo num meio material, tornou-se mais leve, magneticamente falando, que a matéria.

Quando o espírito nasce para a vida na carne, seu magnetismo automaticamente é ajustado ao padrão vibratório da mãe que o está gerando para que não aconteçam distúrbios de ordem energética nos corpos físico e espiritual.

Afinal, duas vidas estão vivendo num mesmo espaço, e tão unidas que, antes do nascimento, o emocional do filho manifesta-se através do emocional da mãe que está gerando seu veículo carnal.

Tão grande é esta união de emocionais que quaisquer sensações sentidas pela mãe ressonarão no espírito reencarnante.

Em pesquisas na psiquê humana, descobrimos que as sensações corpóreas e emocionais afetam tanto o psiquismo do ser cujo corpo está sendo gerado, que mesmo depois de muitos anos, e já adultos, os espíritos encarnados ainda se ressentem de choques emocionais sofridos no útero materno, ou usufruem com facilidade de um bem-estar vivenciado no período de gestação.

Coisas assim, desconhecidas da grande maioria das mães, fornecerão ao novo ser toda uma tela sutil de informações comparativas, que o emocional detectará subconscientemente toda vez que o ser se vir em situações de elevada tensão emocional ou pressão psicológica.

Influências sutis, mas que marcaram o ser antes de nascer para o mundo material, são fatores que permanecerão por toda a sua vida sem que tenha a menor noção.

O que isso tem a ver com o título deste comentário?

Tem tudo a ver, porque a personalidade do ser começa a se formar ainda no útero materno, que é quando o espírito, adormecido, é ligado ao corpo em formação e tem seu emocional integrado ao da sua futura mãe.

E mesmo depois do nascimento, o ser continua a receber fortes influências psíquicas da mãe e dos seres mais próximos.

Com isso, em um terço de sua vida, o ser está sendo influenciado pelo meio familiar que o cerca, para só então começar realmente a assumi-la. A essa altura já se passaram uns vinte e poucos anos. Somente nessa idade alguém pode considerarse formado "moral, mental e psicologicamente" e ter definida uma visão religiosa que o guiará nas coisas sagradas pelo restante de sua vida no plano material.

Aqui chegamos ao ponto em que podemos nos aprofundar em nosso comentário!

O ser, possuidor de uma personalidade individual, interpretará ao seu modo todas as informações que até ele chegarem.

Umas despertarão reações enérgicas, outras resultarão em revoltas, mágoas ou ressentimentos.

Mas outras despertarão reações de bem-estar, de satisfação íntima, de prazer, de alegria, de felicidade, de confiança, de fé, de amor, de compreensão, de resignação, etc.

Todas estas últimas reações sublimam o emocional do ser e tornam sua aura muito brilhante, expandindo-a e criando em torno dele um cinturão luminoso multicolorido.

Nesse estado, todos dizem: "Como você é luminoso, irmão!". Mas é a luz que sublima o ser?

Não, "claro" que não é ela.

O ser, ao "absorver" informações positivas para seu emocional, entra numa faixa vibratória cujo padrão é de natureza positiva e se torna um gerador de luz.

Todo ser humano sublimado é uma fonte de geração e irradiação de luz.

Geralmente as informações positivas atuam sutilmente sobre o emocional e ativam as fontes geradoras de energias luminosas e multicoloridas. E tal como com o feto no útero da mãe, uma sensação de bem-estar e de satisfação apossa-se do ser.

Mas essa sublimação sutil através do emocional não é estável e, dependendo do tipo de informação recebida, podese, em poucos minutos, apagar todo o brilho e tornar opaca a aura do ser. A aura é um indicador da polaridade magnética a que o corpo energético está sendo sujeitado.

Podemos dizer que o corpo energético, tendo duas polaridades, numa hora está sujeito à positiva (luminosa) e noutra pode estar sujeito à negativa (sem cor).

É como se "relês" eletromagnéticos abrissem ao corpo energético o acesso à luz ou à opacidade. Isso é o emocional influenciando o ser a partir do exterior, que altera seu interior.

Mas outro mecanismo muito mais poderoso trabalha em sentido contrário ao do emocional.

Esse mecanismo chama-se racional, e é o verdadeiro responsável pela luz ou pela opacidade de um ser "espiritual".

O espírito sofreu os incômodos da gestação, mas também absorveu as manifestações de alegria e amor vibradas pela mãe que o gerou, preparando-o sutilmente para conviver com a dor e o amor, com a tristeza e a alegria, etc., dando à sua natureza (personalidade) a capacidade de suportar variações abruptas acontecidas em nível emocional.

Já o racional, que foi adormecido juntamente com a consciência sobre si mesmo, que o ser possuía antes de reencarnar, irá se formar a partir da abertura da consciência e da capacidade de viver uma vida sujeita a altos e baixos.

Esse racional, a partir das reações do emocional, formará dentro do ser sua verdadeira personalidade que, após o desencarne, irá revelar-se luminosa ou opaca (positiva ou negativa).

O ser ainda jovem, apesar das exceções, em geral aprecia a presença e a convivência de pessoas da mesma idade em que as afinidades emocionais predominam.

O ser maduro aprecia a presença e convivência de pessoas com afinidades amorosas, intelectuais, profissionais e religiosas. Poderíamos acrescentar as afinidades esportivas, políticas, etc., porque neste ser já amadurecido prevalecem mais as afinidades racionais e menos as emocionais.

Essas afinidades vão acontecendo naturalmente, porque o ser, já maduro, aceita a satisfação pessoal desde que a obtenha dentro de certos parâmetros que levou anos para estabelecer.

Seu racional guia-o e indica com precisão quando uma satisfação é viciada ou virtuosa, e o quanto irá influenciar sua vida caso a realize. É bom que se frise que usamos o termo satisfação num sentido amplo, que tanto envolve aspectos positivos quanto negativos, já que muitos espíritos, encarnados ou não, guiam-se mais pelas emoções que pela razão, ainda que seus racionais nunca deixem de "alertá-los" quando as satisfações são viciadas.

O ser que caça para sobreviver está atendendo ao seu instinto de sobrevivência, inerente a todo "tipo" de ser vivo. Mas o caçador que mata por pura diversão está desvirtuando o próprio sentido do instinto de sobrevivência, uma vez que o animal foi morto sem outra finalidade que não o prazer viciado do exibicionismo e está privando alguém de seu direito à vida.

O fato é que o racional vai se impondo na vida do ser humano à medida que o corpo carnal vai amadurecendo e deixando de gerar excessos de energias "humanas". É a idade da razão do ser que, tendo vivenciado seu emocional, já não possui recursos físicos ou interesse em acompanhá-lo.

Na idade madura, o ser, tornando-se mais racional, começa a ter uma "luz interior" alimentada por sólidos princípios que o guiam. Já nos seres unicamente "emocionais", sua luz é exterior e varia conforme o "estado" de espírito.

O ser mais racional, guiado por princípios virtuosos, tem uma luz que se reflete em sua aura, dando-lhe um aspecto luminoso, sóbrio e estável, pois resiste aos contratempos que porventura surjam na vida. O ser emocional quando atinge a velhice começa a sofrer muito, por não possuir energias humanas para alimentar seu corpo emocional e acaba tornando-se apático, desinteressado, implicante, etc.

Por mais contraditório que possa parecer, o ser racional em sua velhice é o pai preocupado com o bem-estar dos filhos e netos, além de se mostrar "agradável" aos jovens por ser extrovertido sem se tornar "frívolo", característica que pertence aos seres emocionais quando ainda jovens ou recém-amadurecidos.

A luz dos seres emocionais vai se exaurindo com o advento da velhice, num processo oposto ao dos racionais, que vai se expandindo a partir de seus íntimos, fortalecendo suas auras.

Esta "luz interior" é que, logo após o desencarne, irá distinguir um ser racional de outro emocional.

O magnetismo do ser racional positivo ou virtuoso fará com que ele seja atraído mais facilmente para as esferas positivas (luz). Já o ser emocional se demorará na crosta terrestre, até que sua consciência o liberte das "frivolidades" da vida terrena.

Isso acontece em 100 por cento dos espíritos recém-desencarnados sem débitos em suas vidas terrenas a incomodá-los em espírito. Os racionais têm sua religiosidade fundamentada em princípios abrangentes, enquanto os emocionais a fundamentam em aspectos restritos. E mesmo em se tratando de Deus, Este tinha que satisfazê-los emocionalmente, donde os fanatismos religiosos que servem apenas para "pesar" o ser magnético que todos nós somos.

Esse choque constante entre o emocional e o racional é visível em todos os sentidos do ser, e vai desde o gosto por estilos musicais a esportes; desde a religião até o lazer; desde a profissão até o paladar, etc.

O ser racional, guiado por princípios gerais, consegue sublimar-se muito rapidamente após o desencarne. Desligando-se do plano material, busca seus afins nas esferas de luz.

Já o ser emocional não consegue sublimar-se rapidamente porque busca seus afins no plano material, já que foi nele que vivenciou com intensidade sua emoção.

A luz de um ser é a sublimação de seu espírito "humano", que só é humano se se conduzir segundo os princípios divinos que regem toda a criação. Fora desses princípios, acabamos por nos tornarmos seres desumanos.

Dom, as Qualidades do ser Humano

Comenta: Pai Benedito de Aruanda, M. L.

O dom, qualidade inerente ao ser humano, é a manifestação superior da vida por meio dos sentidos.

Aqui, os sentidos têm uma colocação diferente daquela da Biologia. Quando falamos em sentidos, estamos colocandoos como vias evolucionistas que abrangem o ser, suas virtudes e vícios.

Os órgãos dos sentidos em Biologia são por demais conhecidos e dispensam comentários.

Agora, o que chamamos de "os sentidos" são as vias de manifestação dos sentimentos do ser por meio de condutas virtuosas ou viciadas.

Os sentidos preparam o ser para a convivência harmoniosa ou desequilibrada.

Se eles estiverem em harmonia com os princípios que regem a criação em geral, e o ser humano em particular, então por meio dos sentidos os dons fluirão naturalmente, trazendo uma satisfação íntima muito grande.

Porém, caso existam obstruções (vícios) desequilibrando-os, o ser não conseguirá encontrar em si mesmo qualidades análogas às do Criador, pois à "semelhança" d'Ele fomos criados.

Afinal, como comparar alguém que se compraz na prática de ações nocivas ao meio em que vive, aos semelhantes e até a si mesmo?

Um ser assim é o oposto do divino Criador, que impôs limites a todas as criaturas justamente para que a criação seja preservada, mesmo num meio em que seres diferentes se completam.

Muitos confundem os dons com manifestações de excepcionalidade. Mas nós não os entendemos assim e os temos na conta das qualidades comuns a todos os seres humanos.

O amor é uma qualidade manifestada por meio de sentimentos de afeição, simpatia e atração.

Então chamamos de "dom" essa capacidade comum a todos os seres humanos, que é a de amar. E, se para alguns parece impossível, no entanto, isso se deve ao fato de estarem com os sentidos bloqueados por sentimentos negativos (vícios), que sobrecarregam seus emocionais de energias negativas e os tornam insensíveis ao amor que lhes chega.

Mas após uma descarga violenta desses acúmulos negativos, o ser volta a sentir satisfação no ato de amar e ser amado.

Fé é outro dom natural comum a todos os seres humanos. Se cada um tem uma visão pessoal de Deus, e individualiza sua fé, mesmo dentro de uma religião já parcialista, no entanto, todos somos guiados por ela, a nossa fé.

A fé está presente em tudo o que o ser humano faz:

– no estudo, pois acredita (fé) que com ele evoluirá em intelecto, em habilidade e em aptidão.

– no casamento, pois confia (fé) que será feliz ao lado da pessoa escolhida e eleita como o par ideal.

– na crença (fé) em Deus, pois sabe que só em Deus será um ser plenamente satisfeito nas suas indagações íntimas.

Essa lista se estenderia ao infinito, caso quiséssemos, Mas acreditamos (fé) que já deu para entender o que estamos abordando.

Outro dom comum a todos é o do raciocínio, pois estamos aptos a raciocinar. Uns com mais facilidade que outros, mas todos raciocinamos.

A capacidade de raciocinar diferencia-nos dos seres instintivos.

Um recém-nascido deseja algumas coisas e recusa outras a partir de seu instinto. Mas um ser já desperto em seu dom do raciocínio não reage pelo instinto. Ele pensa um pouco, ou muito, antes de realizar alguma coisa.

O conhecimento ou aprendizado é outro dom natural no ser humano, e essa qualidade nos torna ilimitados em muitos aspectos da vida.

Afinal, se não podíamos voar como os pássaros, foi acumulando conhecimentos (aprendendo) que construímos máquinas voadoras potentes que nos levam a lugares impossíveis de ser alcançados até por eles, os voadores.

Se não podemos correr como um cavalo, fabricamos carros velozes que o superam em sua capacidade de se locomover.

Se não podemos ter a força de um urso ou um leão, construímos armas poderosas capazes de reduzi-los a pó.

Essa capacidade de aprender é o dom natural do raciocínio.

Temos assentados em nós, desde nossa origem, dons principais e incontáveis dons menores derivados deles.

A bondade é uma virtude. A lealdade é outra. Mas a bondade só se manifesta em quem ama, porque se um ser obstruiu seu sentido do amor, deixa de amar, e nele, aquilo que parece ser um ato de bondade, nada mais é que um gesto viciado pela soberba ou pelo exibicionismo: ele só "dará" alguma coisa se antevir uma recompensa generosa mais adiante.

O dom é qualidade humana e só nos tornamos humanos na medida em que essas qualidades se manifestam naturalmente no dia a dia como algo natural em nós.

Um dom é multiplicador de qualidades humanas. Se nos fixarmos em um, vê-lo-emos em tudo o que fazemos. Amar-nos uns aos outros não é apenas um ato de fé naquele "ser divino" que se fez homem para isso nos ensinar, pois antes de termos fé nele, em nós Ele já acreditava e nos amava. Mas amar-nos uns aos outros é também um ato de inteligência, porque amar é gostoso, bom e agradável, enquanto odiar é horrível, ruim e desagradável. Amarnos é manifestação de respeito pelos semelhantes, feitos à imagem do nosso Criador.

Os dons são ancestrais porque comuns a todos os seres humanos, e um antepassado nosso há 10 mil anos já amava, tinha fé e raciocinava.

Entendemos por dons todas as qualidades que o ser humano traz em si desde sua origem, e também aquelas que vai desenvolvendo com a própria evolução.

Mas existem também os dons ancestrais místicos, que são aqueles que distinguem o ser e o individualizam num meio habitado por muitos seres semelhantes entre si.

O dom da "voz" é comum a todos, mas o de cantar harmoniosamente, por exemplo, não é.

O dom da fala é comum a todos, mas o da oratória não é.

O dom do raciocínio é comum a todos, mas o de transmitir conhecimentos só os mestres possuem.

O dom do amor é comum a todos, mas o de amar a todos ao mesmo tempo e o tempo todo, só os sábios o têm.

Por mestres entendemos aqueles que gostam de ensinar, e por sábios inferimos aqueles que evoluíram tanto, e em tantos sentidos, que compreenderam que Criador e criação são inseparáveis; sem um, o outro não seria possível. A partir daí, amam o todo e preservam a todos.

Assim, dons são qualidades comuns a todos os seres humanos, que uns trazem desde sua origem, e outros vão despertando segundo sua evolução.

Cada ser, em cada uma das muitas encarnações, desenvolveu dons derivados dos seus dons ancestrais.

Essas qualidades adquiridas somente lhe foram possíveis porque trazia em si os dons ancestrais místicos, ou dons divinos.

O dom da reencarnação está nessa classificação dos dons. Ele permite ao ser desenvolver dons secundários, junto de sua evolução espiritual.

Temos então mais uma ordem: os dons capitais, que permitem manifestarmos nossos sentimentos virtuosos, enquanto os dons ancestrais místicos nos permitem a própria vida. Senão vejamos:

– o dom da reencarnação possibilita a nós, espíritos, "nascermos" para a carne e mais adiante a deixarmos para trás, retornando ao meio espiritual e levando conosco as qualidades ou vícios adquiridos;

– o dom da voz também nos acompanha, tanto nas qualidades como nos vícios;

– o dom do raciocínio também não nos impede de desenvolvermos conhecimentos negativos que, se usados, desvirtuam-nos a tal ponto que bloqueamos nossa evolução.

Então temos que ter em mente que virtuosismo num ser humano é sua colocação em equilíbrio perante as leis que regem toda a criação, e só a partir desse "estado", o ser está apto a desenvolver seus dons, que o qualificarão e distinguirão individualizando-o enquanto ser humano e multiplicando-o enquanto auxiliar direto da lei maior.

Sim, porque todo aquele que, a par de seu equilíbrio, desperta em si dons naturais, automaticamente começa a ser "usado" pela lei, sempre no sentido de socorrer seus semelhantes necessitados ou ainda carentes das benesses do autoequilíbrio.

Um ser doador das "qualidades" dos seus dons é amparado pela lei maior e guiado no sentido de auxiliar o maior número possível de semelhantes. Na maioria das vezes, Deus responde àqueles que, pela fé, a "Ele" recorrem por meio de seus auxiliares humanos. Encarnados ou não!

Por isso a ciência espiritual procura conhecer o íntimo dos seres.

Desse conhecimento, os mentores espirituais guiam seus mediadores na direção exata para que possam tornar-se doadores dos dons naturais que trazem em si, e que apenas lhes falta despertar.

Não estamos falando das faculdades, pois o dom é superior a elas.

Faculdades são qualidades da inteligência. Já o dom é do próprio ser.

Dom natural é a própria essência do ser.

Faculdade adquire-se com aprendizado e desenvolvimento intelectual.

Dom não se adquire; desperta-se a partir do despertar do próprio ser para consigo mesmo, para com seus semelhantes e para com Deus, que é o doador e a fonte natural de todos os dons.

Os Sete Sentidos da Vida

Comenta: Pai Benedito de Aruanda, M. L.

Vida, eis a síntese de tudo!

Essa síntese nos sustenta em qualquer dos rumos que venhamos a seguir durante a evolução.

Ela, a vida, é o bem maior tão desprezado pelo ser vivente, que direciona a maior parte de seu potencial intelectual na busca da satisfação mundana (materialista) e esquece-se de que a vida tem sentidos superiores que podem proporcionar-lhe muitas satisfações, êxtases verdadeiros, dizemos nós!

Os sentidos da vida no corpo energético correspondem aos chacras ou pontos de forças. Todos nós somos condensações desses pontos de forças no ser bioenergético.

Mas, no corpo emocional, identificamos os sentidos como sentimentos.

No corpo racional, eles correspondem às razões ou princípios.

No corpo elemental, encontramo-los nas funções básicas do ser.

No corpo físico, relacionamo-los tanto com os sentidos físicos (tato, olfato, paladar, audição, visão, percepção e sensitividade) quanto com os próprios órgãos físicos:

Os olhos são a materialização da visão.
As mãos, a materialização da percepção.
A epiderme é a materialização da sensitividade.
O coração é a materialização da emoção (amor).
Os órgãos reprodutores são a materialização da geração.
Os ouvidos são a materialização da audição.
A boca é a materialização do paladar.
As narinas são a materialização do olfato.

Mas a visão que capta a aparência das coisas também é um órgão da percepção, porque tudo o que vemos é enviado ao mental, e a percepção diz se o que estamos vendo é bonito ou feio, bom ou ruim, colorido ou opaco, grande ou pequeno, etc.

Através da visão percebemos, assim como o tato também nos auxilia a perceber se um objeto é velho ou novo, quente ou frio, áspero ou liso, úmido ou seco, etc.

O tato, pelas terminações nervosas, alcança toda a nossa epiderme.

Não vamos nos alongar nesse ponto, pois precisamos apenas identificar os órgãos que são a materialização dos sentidos, uma vez que todas as coisas são percebidas por eles, mas a confirmação se processa no cérebro-mente.

O cérebro é o órgão físico que no corpo humano corresponde ao mental, enquanto a mente é a fonte pensante do ser. Não importa se ele vive no plano material ou espiritual, será ela, em último caso, que o guiará.

Se o cérebro sofre uma alteração e deixa de receber as informações dos órgãos auxiliares, a mente mantém-se; mas porque ela é a parte etérea do cérebro, o ser fica parcialmente bloqueado para usá-la até que seu espírito seja desligado do corpo físico.

Com isso comentado, concluímos que os sentidos biológicos são a materialização de sentidos suprafísicos, pois são espirituais.

Mas os mesmos sentidos espirituais são apenas recursos grosseiros de uma classe muito superior de sentidos, todos eles atendendo às necessidades supraespirituais do ser, porque auxiliam aquilo que classificamos como "vida".

Os sentidos capitais regem a conduta do ser pensante. São eles:

1º – O sentido da Fé
2º – O sentido do Amor
3º – O sentido da Razão
4º – O sentido da Lei
5º – O sentido do Conhecimento
6º – O sentido da Sabedoria
7º – O sentido da Preservação ou da Vida

O sentido da Fé

Independentemente de qual seja nossa crença religiosa, induz-nos na busca das razões do espírito e ao encontro do nosso Criador.

O sentido do Amor

Induz à proximidade com aqueles a quem nos afeiçoamos, a amparar nossa prole, a nos mantermos ao lado do ser amado, à autoestima como ser gerado em Deus, a quem amamos, etc.

O sentido da Razão

Condiciona-nos a deixar de agir pelo instinto e a recorrer às nossas faculdades percepcionais.

O sentido da Lei

Fornece parâmetros para que possamos viver em relativa harmonia no meio que nos acolhe e respeitarmos os limites alheios, assim como desejamos ver os nossos obedecidos.

O sentido do Conhecimento

Estimula-nos a acumular meios que tornem as vidas menos atribuladas e mais agradáveis.

O sentido da Sabedoria

Habilita-nos a reger nossas vidas segundo princípios inalteráveis.

O sentido da Preservação ou da Vida

Estimula-nos à autopreservação como forma de manter a própria espécie. Relaciona-se à geração.

Esses são os sentidos que identificamos como capitais, porque correspondem aos chacras, aos recursos mentais, racionais e emocionais, aos órgãos do corpo energético, assim como aos do corpo físico.

Também correspondem às virtudes capitais, aos sentimentos positivos e às linhas de evolução dos seres humanos. Cada um desses sentidos superiores, que são os da vida como um todo, traz em si tantos recursos e reservas quantos se fizerem necessários para que o ser viva e evolua.

A fé liga-nos a Deus, o amor aos nossos semelhantes, a razão conduz-nos, a lei guia-nos, a sabedoria acomoda-nos e a preservação movimenta-nos dentro do todo chamado de vida.

A "vida" é o meio em que evoluímos, pois é um meio ao qual nos adaptamos e no qual encontramos tudo de que precisamos para nele bem vivermos.

Assim, "nossa" vida precisa ter sentidos a guiá-la em acordo com essa vida maior, senão perecemos em meio à abundância de recursos.

Ou não é isso que acontece com os seres desequilibrados ou desregrados dados a cometer excessos de toda ordem? Um ser assim não está atentando contra a própria vida? Sim, claro que sim!

Mas, isso se deve ao fato de ele ter perdido as noções sobre a delicadeza da vida e a necessidade de agir sempre em acordo com os seus sentidos.

Quando o sábio exclamou: "Homem, conhece-te a ti mesmo!", ele nada mais recomendou senão que olhássemos para nós mesmos e, a partir de nós, viéssemos a conhecer todo o resto, e até mesmo a Deus, porque nós podemos não saber como Ele é, mas podemos muito bem idealizá-lo segundo nós mesmos, humanizando o transcendental e tornando-o humano, muito humano!

Deus é o amor, é a fé, é a lei, é a razão, é o conhecimento, é a sabedoria e a própria vida.

Sendo Ele isso tudo e muito mais, então nós o temos em nós o tempo todo, bastando olharmo-nos para O descobrirmos, mesmo por meio de nossos órgãos físicos.

Sim, a mão que escreve é a mesma que semeia e colhe os frutos, assim como é a que os levam à boca para que nos alimentemos e vivamos bem. Mas também é a mesma mão que acaricia e ampara o filho frágil; que alimenta o irmão faminto; que apoia e auxilia o que caiu, ajudando-o a levantarse, ou mesmo, a que segura nas mãos de nossos irmãos, para que possamos ir todos rumo ao nosso Criador.

Cada um desses sete sentidos capitais se mostra a nós em dado momento de nossas vidas sustentando-nos rumo ao nosso fim, que é vivermos em Deus a partir de nós mesmos. Somente conseguiremos viver em Deus se o vivenciarmos em nós mesmos através dos nossos sentidos.

Deus gerou-nos, nós podemos gerar.
Deus ampara-nos, nós podemos amparar.
Deus ama-nos, nós podemos amar.
Deus ensina-nos, nós podemos ensinar.
Deus regula-nos, nós podemos regular.
Deus em nós vive, nós podemos viver em Deus.
Para tanto, basta atentarmos para nós mesmos.

A mesma boca que degusta os alimentos expressa nossos sentimentos e pensamentos. Ela também sorri e beija. Enfim, tem múltiplas funções na vida.

As mãos têm tantas atribuições que nem é preciso relacioná-las.

Os órgãos sexuais não são apenas geradores de novos seres. Eles também são fontes de prazer e poderosos elos com o sexo oposto, criando uniões sólidas e duradouras. Mas dentro de suas múltiplas funções encontramos a micção; a geração de um tipo de energia muito poderosa que estimula todos os outros órgãos físicos ou energéticos do ser no seu todo, etc.

Os ouvidos capacitam-nos a aprender pelo som, e por meio dele, o som, a nos deleitar com a música harmoniosa ou a nos inspirar com os discursos nobres, e mesmo a nos estimular por inteiro e em todos os sentidos, ao ouvirmos as declarações de amor da nossa outra parte na vida: o ser amado.

Enfim, os sete sentidos capitais estão presentes em nossa vida o tempo todo. E o tempo todo estão a nos estimular rumo a uma vida melhor, pois superior: a vida em Deus, nosso divino Criador!

Os sete Cordões Virtuosos, o Cordão Cósmico, o Cordão Universal e o Cordão Divino

Comenta: Pai Benedito de Aruanda, M. L.

Façamos um desenho simples:

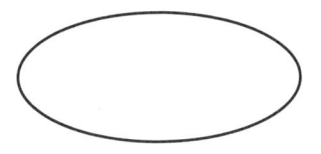

Pronto, temos aí, bem próximo de seu tamanho, um mental humano, ou o ovoide que traz toda a herança genética de um ser humano.

Depois, façamos novamente o mesmo desenho, mas todo ele pontilhado:

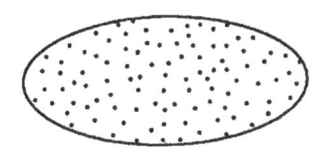

Pronto, temos aí um mental humano com sua aparência aproximada num ser em equilíbrio, desde que consideremos cada um desses pontos como uma fonte que derrama energia nos corpos energético, elemental, emocional, racional, espiritual e humano.

Façamos ainda outro desenho:

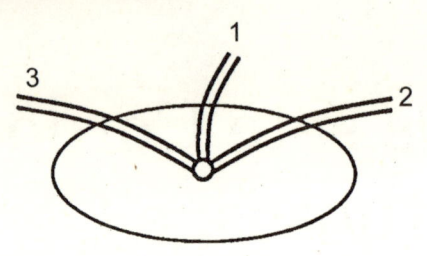

O de número 1 é o cordão divino, que chamamos de cordão da vida, porque nos mantém ligados ao mental divino, que nos gerou e nos sustenta.

O de número 2 é o nosso cordão cósmico ou alimentador de energias negativas, que se ligou ao nosso mental no estágio dual de evolução, quando nós, então seres puros, elementarmente falando, fomos colocados em contato com as energias opostas às do meio original em que vivíamos. Nesse estágio, esse cordão cósmico ou negativo nos alimentou de tantas energias quanto nos foi necessário e, à medida que elas entravam em nossos mentais, abriam pontos ou fontes ao redor dele, pelos quais elas fluíam e espalhavam-se pelo corpo energético, indo parar em seus órgãos, estimulando-os até que ficassem equilibrados com as energias do meio.

Esse cordão cósmico tanto envia energias quanto retira, se for preciso.

E temos em torno de nosso mental incontáveis fontes geradoras de energias cósmicas ou negativas, sendo que por negativas entendam-se energias estimuladoras do ser, assim como de seus muitos órgãos energéticos.

Essas energias cósmicas, no plano físico, são o ar e o fogo, dois estimulantes do funcionamento dos órgãos e aparelhos do corpo humano.

Ou não é verdade que o corpo precisa de oxigênio para a quimio síntese celular? E do calor como energia gerada ou captada para manter vivo esse mesmo corpo?

Ar e fogo, na ciência dos elementos, são classificados como negativos (- -), pois são ativos, instáveis, móveis e altamente vibrantes.

Nos corpos elemental, energético, racional, emocional e percepcional eles ativam, vibram, estimulam, incomodam, movimentam, etc.

Fogo e ar são energias cósmicas por natureza e negativas porque desequilibram um ser se forem absorvidas em excesso pelo todo eletromagnético que somos.

Bom, o 3º ou número 3 é o cordão universal, que alimenta o ser com energias por nós classificadas como estabilizadoras, solidificadoras, perenizadoras etc., pois são de polaridade positiva. E na ciência dos elementos esses tipos de energias são terrenas e aquáticas.

Quando, no estágio dual, esse cordão surge e começa a alimentar o ser, aos poucos vão se abrindo fontes geradoras de energias, que são derramadas e espalhadas pelo corpo energético, elemental, emocional, racional, percepcional, físico etc., segundo o estágio evolutivo do ser.

Esse cordão, ao par da sua função irrigadora, também envia energias que equilibram no ser as energias cósmicas que estão sendo absorvidas continuamente através do cordão de número 2.

Agora, façamos mais um desenho:

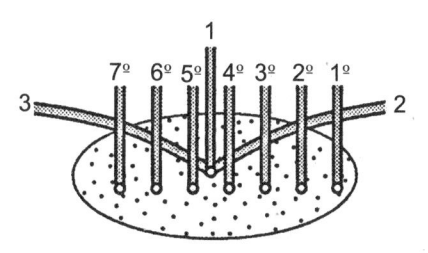

Eis aí o mental completo de um ser humano pleno em virtuosismo, sentimentos nobres e altamente evoluído.

Os de números 1, 2, 3 já os descrevemos.

Os 1º, 2º, 3º, 4º, 5º, 6º, 7º, esquematizados para melhor compreensão, são os cordões que classificamos como virtuais ou o arco-íris sagrado.

Cada um desses cordões alimenta o ser humano, inundando seu mental de energias que identificamos com os sete sentidos, as sete virtudes e os sete dons naturais.

À medida que o ser vai evoluindo e espiritualizandose, esses cordões vão engrossando para supri-lo com mais e mais energias, que classificamos como celestiais de ordem divina, pois um cordão alimenta o mental quando o ser é de uma fé imensa; outro o alimenta quando seu amor é transcendente, e assim sucessivamente.

Vemos espíritos com um, dois, três, quatro, cinco, seis e até sete cordões luminosos inundando-os com energias multicoloridas.

Esse suprimento acontece porque o ser, movido por sentimentos virtuosos, "ligou-se" mentalmente a esses padrões vibratórios da energia divina, e pela lei das afinidades energéticas, magnéticas e vibracionais, absorve desses padrões tantas energias quanto lhe for possível ou necessário à irradiação de seus sentimentos.

Em seres encarnados isso também acontece, pois a lei das afinidades faculta isso a todos os seres viventes, e não somente aos humanos.

Os estudiosos das ciências espirituais atentaram para esta lei, tão importante quanto a lei das causas e efeitos, ação e reação, e a lei do carma.

Somente a lei das afinidades permite a execução dos carmas individuais ou coletivos, porque ela se assenta na definição tão bem colocada que diz: "Os semelhantes se atraem".

Bem, deixemos a lei das afinidades para um comentário posterior.

Voltando aos sete cordões virtuosos, eles têm tudo a ver com as sete vias evolucionistas, os sete raios, as sete coroas, os sete sentidos, as sete virtudes, os sete chacras do "corpo" do ser humano, os sete vórtices planetários e com o setenário sagrado que rege tudo, absolutamente tudo o que existe no todo planetário em que vivemos.

Na Umbanda Sagrada esses sete cordões luminosos sintonizam-se com os Orixás sagrados, em que cada um tem sua cor identificadora.

E se assim os Orixás sagrados se identificam, é porque eles atuam nos seres humanos por meio dos sentidos, nunca pelo do espírito.

Enganam-se aqueles que pensam que os Orixás sagrados atuam nos seres humanos a partir do exterior.

Os Orixás atuam apenas a partir do íntimo (mental) do ser humano.

A atuação deles é mental, e a partir de seus poderosíssimos mentais celestiais, muito superiores ao mental humano, agem nos mentais humanos, direcionandoos no sentido mais proveitoso para suas evoluções.

Além do que aqui já comentamos, é preciso que se diga também que os três primeiros cordões não são visíveis à visão comum. Só os espíritos que abriram sua visão superior conseguem vê-los facilmente.

Quanto aos sete cordões celestiais ou o arco-íris sagrado, bem, eles são visíveis a todos aqueles que deixam de ver o ser humano como um corpo animado por uma alma, e veem no corpo apenas uma exteriorização do ser (alma).

Quanto às fontes, à medida que um ser vai evoluindo, liga-se a dimensões energéticas em que o padrão vibracional estimula um dos sete sentidos capitais.

Assim, se alguém estabeleceu a partir de seu mental ligação com uma dimensão energética a partir de sua fé, automaticamente começa a ser inundado por um tipo de energia que sustentará todas as suas manifestações religiosas, assim como a exteriorização de sua crença religiosa, seja ela qual for.

Coloquemos as palavras assim: o "modo" como Deus é cultuado não importa, porque o sentido da fé é comum a todos. Logo, os sentimentos de fé são semelhantes em seres que cultuam Deus de formas diferentes.

Desse modo, alguém, na sua fé em Oxalá, sendo ela pura e intensa, liga-se à mesma dimensão energética que outro ser, também animado por uma fé pura e verdadeira em Jesus, o Cristo.

Muitos são os caminhos! Mas, ao final da caminhada, todos chegaremos ao mesmo lugar: a morada divina do espírito humano.

O mesmo princípio se aplica ao surgimento do arco-íris sagrado na "coroa" de um ser humano.

Os Corpos Original, Energético, Emocional, Percepcional, Espiritual, Físico e Mental

Comenta: Caboclo Pena Verde, M. L.

Os múltiplos corpos, eis o divino mistério da evolução do ser, hoje humano.

Toda uma ciência, muito mais complexa e apurada que possam imaginar, existe no "mundo" espiritual.

Há muitas "escolas" de Medicina no lado espiritual da vida. E todas elas altamente evoluídas no conhecimento a respeito dos corpos espirituais, e daqueles que classificamos com nomes que correspondem exatamente às funções que possuem.

As "raízes" de todos esses "corpos" estão dentro do mental, e o que vemos e estudamos são apenas os desdobramentos ocorridos durante os vários estágios da evolução.

1 – Corpo original ou elemental.
2 – Corpo energético ou básico.
3 – Corpo emocional ou sensitivo.
4 – Corpo percepcional ou racional.
5 – Corpo espiritual ou plasmado.
6 – Corpo físico ou materializado.
7 – Corpo mental ou quintessenciado.

Corpo original ou elemental

É o corpo energético formado a partir do mental.

Ele é transparente, e o comparamos ao envoltório de uma célula humana, dentro do qual tudo se processa, independentemente dos fenômenos que estejam ocorrendo simultaneamente em outras células ou mesmo no corpo humano.

Se assim é, isso se deve ao fato de todos os outros fenômenos (respiração, circulação, digestão, lucidez, sono, agitação, etc.) estarem ocorrendo em outros níveis energéticos.

Na respiração, as narinas absorvem vários gases. Mas no interior da célula, só penetrarão os átomos dos gases necessários ao metabolismo celular.

Na circulação transitam vários gases, sais minerais, lipídios, glicídeos, vitaminas etc., mas a membrana plasmática só absorverá o que estiver faltando dentro da célula. E a entrada de qualquer coisa obedecerá a ordens específicas do núcleo celular (mental).

Na digestão, muitos alimentos são digeridos, fornecendo os mais variados tipos de proteínas. Mas as células absorverão apenas a quantidade exata para que o equilíbrio interno, durante o metabolismo e a divisão celular, não sofra perturbações.

Com esses exemplos acreditamos já ter deixado claro qual é a função do corpo original ou elemental.

Ele é o primeiro corpo do ser, que envolve o mental e abrange um campo ovalado posicionado no sentido norte-sul, ou seja, em pé, segundo nosso posicionamento ao centro de gravidade planetário. Dentro desse campo (membrana), o mental fica no alto, na cabeça.

Em visitas a dimensões originais, e depois de despertarmos nossas visões elementares, pudemos estudar detalhadamente o corpo original ou elemental.

O que no espírito humano "hoje" são os chacras ou pontos de forças, no corpo original são vórtices simples pelos quais uma "osmose" se processa, mantendo o equilíbrio energético entre o interior e o exterior, assim como são assimiladas ou expelidas as energias que o ser original necessita para manter-se em equilíbrio energético.

A única indicação de que um ser original é macho ou fêmea consegue-se por meio de recursos semelhantes aos do pêndulo, devido à rotação que o vórtice imprime a ele.

Assim, que fique claro e registrado que, ainda que indiferenciados, os seres hoje humanos, nos estágios originais, já se distinguiam em suas naturezas: uns de natureza masculina, e outros, feminina.

Ao redor dos vórtices, dentro do corpo elementar, acumulam-se energias que ou foram absorvidas na inspiração ou serão expelidas na expiração energética.

Todo o processo que ocorre ali é semelhante ao de uma célula humana. Portanto, se em Biologia a célula é a unidade básica da vida, em evolução o corpo original ou elemental é o ser básico no processo evolutivo.

Corpo energético ou básico

Durante o estágio original elementar da evolução, dentro do corpo elemental (membrana), e limitado à região em que os vórtices se localizam, outro corpo vai se formando. À medida que o ser "amadurece" podemos visualizar folhelhos que têm por função criar a base daquilo que no corpo físico (carnal) chamamos de órgãos, e mesmo aparelhos.

Quando o ser alcança um ponto alto em sua evolução, puramente energética, dentro da membrana transparente podemos observar uma formação "gelatinosa" (para sermos mais bem compreendidos!), que é o que chamamos de corpo energético ou básico. Nele tudo é energia pura condensada em certos lugares, atendendo a necessidades mentais (desdobramentos da gênese do ser).

Quando o ser alcança um nível ou grau em que seu corpo energético está totalmente formado, inclusive com semelhanças aparentes com o "nosso" corpo humano, ele está apto a galgar seu segundo estágio de evolução.

Enquanto permanece nesse estágio, apenas um cordão, o divino, sai de seu mental, que é quase todo liso, porque somente umas poucas fontes geradoras de energias são abertas nesse estágio.

As energias derramam-se do mental e fluem, a exemplo da linfa, para os órgãos gelatinosos, inundando-os e delimitando-os em corpo plasmático.

Em estudos meticulosos já realizados, confirmou-se que esses folhelhos têm funções análogas às dos órgãos e aparelhos humanos do corpo físico, e mesmo no espiritual.

Corpo emocional ou sensitivo

Após um período em que o ser original estagia numa dimensão "hibernal", ele é conduzido ao estágio dual da evolução, e já o encontramos com três cordões a alimentá-lo de energias mentais.

Além do cordão divino, temos um cordão universal e outro cósmico. O universal o apassivará e o cósmico o estimulará.

Assim definimos o universal como estando ligado ao polo positivo, e o cósmico, ao polo negativo do divino gerador das energias da vida, que é Deus.

O ser nesse estágio é considerado como bienergético, bidimensional e bipolar, pois, em certos momentos, poderá estar sobrecarregado de energias negativas (estimulantes) e em outros a sobrecarga será positiva (neutralizantes).

Nesse estágio, o ser dual, energeticamente falando, desenvolve seu corpo emocional ou sensitivo.

Nos seres duais, classificamos esse corpo como o de desenvolvimento do sistema nervoso. Sim, no estágio original o ser desenvolveu o sistema glandular, e no estágio dual irá desenvolver seu sistema nervoso, que regulará o sistema glandular, induzindo-o a derramar mais ou menos energias "dentro" do corpo energético.

O corpo emocional assemelha-se, no exterior, a uma membrana que envolve os folhelhos, e no interior, a nervos que neles se ramificam, criando um sistema de alerta que detecta excessos ou carências de energias nos folhelhos. Quando isso acontece, fontes específicas localizadas no mental começam a enviar mais e mais energias ao "órgão" deficiente, criando nele um padrão energético que, imediatamente, ativa o vórtice (ainda) que irá absorver do exterior grande quantidade de energias de natureza oposta às que o mental gerou e ali acumulou.

O processo de captação dura até que o folhelho se reequilibre energeticamente e que o emocional (a membrana envolvente) deixe de sofrer contrações ou espasmos.

Nesse ponto de nossos estudos notamos algo interessante: quando um ser dual tem uma quantidade muito grande de um tipo de energia localizada em algum órgão de seu corpo energético, ele é procurado (ou procura) por outros seres e, por irradiação ou ligação corporal, "doa" o excesso de energia aos seres que dela necessitem, ou por serem de natureza oposta (macho-fêmea) trocam-nas, reequilibrandose novamente.

Existem vários tipos de trocas energéticas estimuladas pelo corpo emocional ou sensitivo.

As trocas ou doações de energias acontecem dessas formas:

a) trocas mentais – um ser mentalmente sobrecarregado as irradia através do chacra frontal, ou terceira visão, e os que estão próximos também as absorvem por ele, o chacra.

b) trocas puramente emocionais – realizadas através do chacra do coração. Esta troca se realiza por irradiação ou por sobreposição (chacra a chacra).

c) trocas sexuais – processam-se entre seres de naturezas opostas (macho-fêmea). Pudemos estudar longamente esses casos e vimos que os acúmulos de energias ao redor dos vórtices delineavam o que, atualmente, chamamos de órgãos sexuais, mas não com a aparência que conhecemos, é claro!

Do corpo energético do macho sai um fluxo irradiante, de uns 30 centímetros de comprimento de altíssima vibração, que distende a membrana emocional com tal força, que a obriga a contrações fortes para conter o fluxo que sai do "campo" emocional do ser. O folhelho gelatinoso incha-se muito e incandesce devido à cor das energias ali comprimidas. É o limite do ser macho. No ser fêmea, o acúmulo ali ocorrido expande o vórtice a par do acúmulo que vai se formando ao redor dele, que, numa velocidade vertiginosa, começa a abrir-se e fechar-se.

Quando dois seres de naturezas opostas hipercarregadas se atraem (tem que haver a afinidade energética e magnética para que a troca aconteça), o vórtice-fêmea abrese para o vórtice-macho e o fluxo "exterior" é totalmente absorvido, enquanto, num sentido inverso, este começa a absorver as energias acumuladas ao redor do intumescido vórtice-fêmea.

Quando os seres duais estão sobrecarregados, a cor que se forma da condensação ao redor dos vórtices sexuais espalha-se através da membrana emocional por todo o resto do corpo energético, e só reflui após a plena realização de trocas de energias de polaridades opostas (macho-fêmea).

Quando a troca termina, os seres afastam-se um do outro e podemos ver que seus vórtices voltam a vibrar equilibradamente. Tanto o fluxo projetado do macho desaparece quanto o inchaço da fêmea também.

Devido ao incômodo que esses acúmulos nos folhelhos provocam nos seres, vão sendo formados grupos afins que se mantêm mais ou menos próximos. E isso acontece em todos os níveis, sejam eles mental, emocional ou sexual.

No mental, dizemos que um mestre (ser com grande capacidade de gerar energias mentais) acerca-se de discípulos (seres ainda iniciando suas evoluções duais).

No emocional, dizemos que o progenitor (pai ou mãe) acerca-se de seus filhos.

No sexual, dizemos que o cônjuge (macho ou fêmea) acerca-se de seus (suas) amantes.

E tudo isso acontece no estágio dual da evolução, em que o ser desenvolve seu corpo emocional ou sensitivo, que nada mais é que o sistema nervoso.

Esse corpo sensitivo é alimentado tanto por energias positivas (padrão universal) quanto por energias negativas (cósmicas).

Temos assentado que o padrão positivo envolve os folhelhos, assim como forma uma segunda membrana delineadora da futura aparência "humana" que o ser terá, quando em seu corpo espiritual haverá uma boca, dois olhos, dois ouvidos, um sexo, duas mãos, dois pés, etc.

Também temos assentado que a energia negativa é a corrente energética sensora que detecta tudo o que é bom ou ruim, agradável ou desagradável, satisfatório ou insatisfatório, etc., para o ser.

Nesse campo todo formado pelo corpo emocional bipolar, o ser vivencia seus medos, carências, deficiências, necessidades, angústias, desejos e afetividades. Ele é muito necessário ao ser, porque somente vivenciando os dois lados de um sentimento (positivo e negativo) estará apto a "perceber" o que lhe serve e o que o desserve, o que é útil e o que é inútil.

Ao despertar a percepção a partir das sensações, o ser habilita-se a galgar o estágio seguinte de sua evolução, em que irá viver num reino elementar composto por três tipos de energias.

Corpo percepcional ou racional

Nessa nova dimensão da vida, o ser já possui uma aparência delimitada em que um corpo energético multicolorido é bem visível.

O ser já percebe as coisas e às vezes passa longos períodos de tempo com sua visão fixada em algo que exista no meio em que vive, como que a "estudá-lo".

A fase contemplativa por excelência nos seres humanos surgiu nesse estágio de sua evolução.

É nesse estágio que se abrem no mental muitas fontes geradoras de energias num padrão já modelador dos folhelhos do corpo energético, e surgem cascatas luminosas onde, no futuro, existirão cabelos. Tudo o que foi delimitado no estágio dual durante a formação do corpo emocional, ali é delineado por meio dos desdobramentos da genética divina que existe dentro do mental. E ainda que tudo seja visto como que através de um prisma luminoso, a boca já possui lábios delineados; o nariz possui narinas; os ouvidos possuem toda a formação cartilaginosa do futuro corpo físico (carnal); os dedos e mãos, de energias iridescentes, já são visíveis; formam-se pés luminosos e pernas delineadas, e os corpos energéticos assumem uma aparência que identifica nitidamente os seres machos e fêmeas com um delineamento caracterizante dos sexos.

O ser, muito contemplativo nesse estágio, começa a ter contato com seus semelhantes através do som e desenvolve toda uma linguagem monossilábica ou mantrânica. Só se relaciona com outros seres afins em todos os sentidos, e no aspecto sexual é de uma fidelidade única, pois, depois de muitas trocas de energias nesse sentido, quando finalmente encontra seu oposto afim, nunca mais se afastam um do outro.

Talvez seja nesse estágio da evolução que tenha surgido um mito: o da alma gêmea.

Se chamamos de mito a figura da alma gêmea, isso se deve ao fato de que o ser humano somente se angelizará caso desperte em sua consciência que todos somos almas gêmeas aos olhos do nosso Criador.

Mas o fato é que um corpo percepcional forma-se e o ser aprende a falar, ouvir, sentir, ver e olhar. No estágio tridimensional, começa a fazer uso das narinas para absorver energias de padrão aéreo.

Olfato, visão, audição, tato e gustação são despertados no ser a partir do desdobramento mental que, como uma cascata energética, derrama-se por todo o corpo energético, criando o corpo percepcional e dotando o ser de meios específicos para viver num meio em que as condensações energéticas já lhe fornecem alimentos compostos (multienergéticos).

Esse meio tridimensional, composto por três tipos de energias, é ideal para o despertar do racional.

Ali ele começa a raciocinar a respeito de si mesmo e do meio em que vive. O emocional era o instinto básico. Nele o ser agia unicamente em conformidade com suas necessidades energéticas, mas, nesse estágio, percebe que, agindo aleatoriamente, ele irá chocar-se tanto com seus semelhantes como com o meio em que vive.

Ele descobre (percebe) que se absorver muita água ficará "pesado", e se absorver muito ar ficará "leve". E isso se aplica a todos os sentidos, porque água tanto pode ser o que se diz (água) como energias de amor, de ternura, etc.

Bem, não vamos nos alongar naquilo que aqui não comporta nosso comentário.

O fato é que o ser aprende a perceber e raciocinar em razão de suas necessidades, porque tem um corpo percepcional que, a partir de seu mental, envolve e infiltrase por todo o corpo energético.

É quando só "come" o alimento que o agrada e o nutre; só ouve o som que o sublima e vibra aquilo que o enobrece, etc., então está apto a alcançar o estágio humano de evolução, em que todo um corpo espiritual irá desdobrarse.

Corpo espiritual ou plasmado

Nesse "momento" de sua evolução, o ser atinge o estágio humano e é conduzido à esfera celestial, em que "convivem" quatro padrões de energias, já amalgamadas a partir das dimensões elementares puras.

Nesta esfera celestial, o corpo energético irá absorver, por afinidades energéticas, todo um revestimento plasmático que o protegerá, habilitando-o, mais adiante, a encarnar, para que então, adormecido, desperte sua consciência.

Esse corpo espiritual tem uma composição energética mais densa que todos os outros corpos, porém, por ser plasmático, pode sofrer influências deles que, por vibrarem muito mais, também irradiam dentro dessa nova dimensão da vida.

O corpo elemental assume uma cor monocromática, que temos assentado como a cor fundamental do ser, porque se relaciona com sua natureza mais íntima.

O corpo emocional forma uma aura luminosa ao redor do ser.

O corpo percepcional dá cor a essa aura.

Esse corpo espiritual, após algum tempo com o ser vivendo na esfera celestial, vai se estabilizando, enquanto o ser já consegue articular uma comunicação sonora polissilábica. Em seu estágio anterior, ele só se comunicava por meio de monossílabos (nesta comunicação do estágio tridimensional, temos o surgimento das raízes das palavras nas mais diversas línguas terrenas).

O corpo espiritual é plasmático e envolve o corpo energético tal como a casca envolve a cebola, que é toda folheada. Assim, quando um ser encarna, um processo da própria lei "amolda" esse corpo espiritual ao do feto ainda no útero materno, lá pelo sexto ou sétimo mês de gestação. Antes disso ele está ligado ao feto apenas por cordões.

Esses cordões vão pouco a pouco atraindo o ser adormecido para dentro do útero materno e, em dado momento, por um processo divino inerente à própria encarnação, ele, por ser plasmável, acomoda-se ao corpo fetal, estando completada a gestação.

A partir daí, esse corpo plasmático, e plasmável, desenvolver-se-á de acordo com o crescimento natural do corpo carnal que ocupou. E adquirirá uma configuração exatamente igual à do corpo físico.

O corpo espiritual não será nem um milímetro maior ou menor, e manterá, mesmo depois do desencarne, todas as características de seu corpo carnal, somente conseguindo superá-las, e mesmo anulá-las, à medida que sua subconsciência for sendo despertada mentalmente, ou por meio de sua hiperconsciência.

A subconsciência adormecida é a memória de tudo o que ele já vivenciou em seus estágios de evolução anteriores.

Ela não é a memória que conhecemos quando nos submetemos a regressões ou à hipnose. A memória será o arquivo vivo de tudo o que vivenciamos no nosso estágio humano de evolução, que também sofrerá um adormecimento quando galgarmos o estágio seguinte de evolução.

Tal como no caso da cebola, cada camada nova que surge (estágio de evolução) é a "internalização" do anterior. Cada encarnação também é uma "casca" a envolver e a internalizar a anterior.

Todo esse processo de "amadurecimento" do ser já humano, em vista do estágio de evolução, somente é possível porque ele possui um corpo espiritual que é formado a partir de uma composição energética passível de ser "modelada" segundo as vibrações do corpo emocional. Os espíritos que executam as "encarnações" agem muito mais através do emocional dos seres, atuando neles por meio do subconsciente num processo tão sutil quanto o são todos os procedimentos subconscienciais.

Há uma indução do encarnador sobre o encarnante no sentido de este "sentir-se" emocionalmente como um "bebê", já que o racional é totalmente adormecido pelo cérebro ainda em formação no feto. E o racional somente irá despertar segundo a própria evolução intelectual do ser no decorrer de sua vida material. Quanto ao emocional, este estará hiperdesperto por não sofrer a menor influência do racional.

E aí reside a grande importância de uma educação materna equilibrada na formação do ser "renascido" para o mundo material.

Nos primeiros anos de vida, o ser é totalmente comandado pelo seu emocional, e caso os pais transmitam a ele sentimentos desequilibradores, não tenham dúvidas, ele será profundamente influenciado, e emocionalizado, e isso irá influenciá-lo pelo resto de sua vida no plano material.

Bem, não vamos aprofundar esse aspecto porque estamos comentando apenas os corpos.

E por falar em corpos, agora sim, vamos abordar um verdadeiro corpo, já que dos anteriores dissemos que são apenas "estados" do ser. Se os chamamos de corpos, foi para melhor compreensão a respeito de como são formados esses estados (corpos).

Uma observação aos desavisados:

Um corpo, em física, é um composto que tem massa e ocupa um lugar no espaço.

Até aí, em se tratando da matéria, tudo está certo.

Mas neste mesmo espaço, pode "caber" outro corpo, desde que ele pertença a outra dimensão.

E isso ocorre com todos os corpos "animados", ou vivos, caso preferiram! Por que um espírito "atravessa" a matéria e esta o atravessa sem que se toquem? Se isso acontece, é porque pertencem a dimensões paralelas, em que os padrões vibratórios são totalmente diferentes.

Já no plano ou dimensão espiritual, essa mesma lei física se aplica integralmente, pois dois espíritos não ocupam o mesmo lugar no espaço espiritual. Aqui, tal como aí, cada "coisa" ocupa um lugar no espaço espiritual em que vive. E como todos são semelhantes, as leis passam a ser as mesmas, ainda que os planos sejam diferentes, energeticamente falando.

Corpo físico ou materializado

Bem, quanto ao corpo físico ou material, não vamos descrevê-lo, por ser bastante conhecido. Vamos nos ater à sua interação energética com todos os outros cinco corpos já comentados.

Já dissemos que o corpo espiritual é formado de uma energia plasmática, que assume todas as características por meio do corpo físico ou carnal.

Esse corpo espiritual atua no corpo físico de duas maneiras distintas:

Através do sistema nervoso: pelos sentidos físicos, o ser "percebe" (tato, olfato, audição, visão e gustação), em que as células nervosas transmitem as impressões ao cérebro, que as interpreta e devolve, pelo sentido de compreensão das coisas que cercam o ser.

Por meio dos sentidos suprafísicos, ou da mente: pela sensação codificada, pois o fogo queima causando dor, mas quem interpreta essa dor não é o sistema nervoso e sim a mente, que não é "concreta" (física), mas tão somente abstrata (mental).

O cérebro e o "ovoide" mental estão interpenetrados, ocupando um mesmo lugar no espaço. Por pertencerem a dimensões diferentes, comunicam-se por meio de impulsos eletromagnéticos numa contínua troca de informações que, caso não saibam, é tão rápida quanto a velocidade da luz. Sendo assim, a comunicação entre esses dois "corpos" que ocupam o mesmo espaço é imediata.

O cérebro não é a mente, pois ela é abstrata.

O cérebro é físico, a mente é espiritual.

O cérebro "morre", a mente não.

O corpo físico é influenciado pelo emocional pelo sistema nervoso, e influencia o racional através do corpo emocional.

Sim, há toda uma troca de influências entre físico, emocional e racional, que tem por finalidade abrir um campo mental para a consciência do ser. O estágio humano é o despertar da consciência pelos sentidos, tanto os físicos quanto os mentais, que são os mesmos, porém, localizados em dimensões diferentes, e mesmo em níveis distintos.

O corpo emocional atua no sentido de o ser conseguir através do corpo físico a satisfação e o prazer de forma ordenada. Mas o racional, despertando pouco a pouco, vai procurando mais a satisfação pessoal que o prazer, uma vez que o racional não reage se não for estimulado pelo mental. E este não traz em sua codificação original o prazer como um fim em si mesmo.

O racional admite o prazer apenas como a quintessenciação de um processo que tenha por finalidade despertar no ser sua hiperconsciência.

Desse modo, nesse "jogo" de ordens ao corpo físico, ora o ser deseja um aprimoramento dele, porque um corpo bonito o torna mais belo e atraente, ora sua consciência ordena que aprimore seu corpo, porque ser saudável é condição básica para uma vida harmoniosa.

Assim que o ser começa a despertar sua consciência, o corpo físico passa a ser o centro de suas atenções e, não raro, acaba por se tornar um incômodo para quem não tem o corpo que gostaria, uma vez que este não atende às suas expectativas, ora emocionais, ora racionais.

Sim, é muito difícil para quem tem um corpo físico feio, segundo os padrões materiais de beleza, ouvir que o que importa é a beleza interior.

Tudo bem que a tão decantada beleza interior é um bem em si, mas poderia ser melhor se a beleza exterior também fosse mais próxima dos padrões estéticos da sociedade em que se vive. Isso é um fato!

E se isso ocorre, saibam que é apenas porque tanto o emocional quanto o racional não aceitam um corpo deficiente, mesmo que em alguns aspectos.

Mas é a partir dessa não reciprocidade entre o que o emocional, em especial, deseja e o que o corpo físico pode oferecer, que o ser vai dominando seus sentidos físicos e os sentimentos de natureza material, e direciona sua mente na conquista definitiva de valores morais, religiosos e sentimentais supra-humanos.

Somente após descobrir que se o corpo físico o limita, a mente pode libertá-lo desse ciclo denso, é que ele se volta para a transcendentalidade de si mesmo, assim como de todas as coisas que formam o meio em que vive, e aprende a viver.

Mas o corpo físico tem outra função no conjunto dos "corpos" de um ser.

Ele, por se formar numa dimensão em que quatro elementos básicos se fundem num amálgama energético tão denso que forma a matéria, interagindo sobre todos os outros corpos, vai permitindo ao ser a quintessenciação de todos os seus estados mentais (corpos), por meio da formação de uma personalidade única que, por afinidade magnética, vai sendo atraída para as esferas energéticas de múltipla formação elementar, mas unas na vibração. Essas esferas, também elas, são a quintessenciação dos reinos elementares ou dimensões da vida.

Aí surge o corpo mental propriamente dito, luminoso e irradiante, além de magneticamente muito poderoso, já que, por ser uma quintessenciação, atua unicamente pela irradiação mental por meio dos sentidos.

Corpo mental ou quintessenciado

Como já dissemos, por ser um estado do ser, o corpo mental somente se desdobra a partir da total formação da consciência.

Num ser em que os sentidos localizam-se na sua consciência, a partir dos seus virtuosos sentimentos, ele se realiza. A forma ou aparência "humana" já não encontra razões para existir. Seres assim não se mostram aos olhos dos espíritos ainda materialistas, porque são pura luz e luzes puras. Luzes, pois, são amor, fé, sapiência, equilíbrio, conhecimento, etc. Todos os sentidos da vida vistos como luzes irradiantes.

Ele não tem forma porque o corpo espiritual foi desintegrado pelas luzes que irradia.

O corpo emocional, finalmente absorvido pelo racional, quintessencia-se em luz e cores as mais belas imagináveis.

O racional, plenamente consciente na mente do ser, atua unicamente através dos sentidos supra-humanos, e quando um ser assim quintessenciado se aproxima, transmite-nos o que deseja, não mais pelo som, mas tão somente por meio da luz, que nos envolve e altera todo o nosso estado de vibração, imprimindo-nos suas vibrações de amor, de fé e de bem-estar. Essas vibrações nos encantam e elevam, e parecemos flutuar num oceano de amor, de fé e de bem-aventuranças, se isso traduz o que sentimos quando envolvidos por eles.

E olhem que ainda não são anjos na acepção da palavra, pois são somente a quintessenciação do ser humano.

Esse corpo mental, pela conscientização do ser, já não possui dois polos separados, como já foi comentado quando explicamos sua localização, no norte (mental) ou no sul (sexo).

As duas polaridades transmutam-se através da quintessenciação acontecida, e o ser passa a tê-las simultâneas em seu corpo mental. A consciência absorveu as duas polaridades e vibra, ora uma, ora outra, como numa corrente alternada, formando um latejar tão acelerado, que a visão espiritual não é capaz de notá-lo. Somente os seres dotados da visão divina plena conseguem vislumbrar esse latejar bipolar.

Esse latejar processa-se exatamente no espaço ocupado pelo mental (o ovoide), e através do corpo elemental se irradia em todas as direções, dando a impressão de que o ser é maior que a média dos espíritos humanos.

Mas isso não é verdade, porque o que realmente acontece é que o corpo básico se amplia devido à expansão do magnetismo mental do ser.

E aí, o ser estará apto a alcançar o estágio angelical da evolução, em que, em acordo com sua natureza íntima, avançará rumo ao estágio celestial da evolução, segundo uma linha cósmica (negativa) ou universal (positiva).

Nesse caso, tanto a palavra negativa quanto a palavra positiva escapam da conotação corriqueira e assumem a conotação característica dos elementos: água e terra = positivo; fogo e ar = negativo. Somente com esse entendimento compreenderão o sentido, pois outra não é nossa intenção.

Os anjos cósmicos atuarão através do fogo e do ar nas 77 dimensões planetárias.

Os anjos universais atuam através da água e da terra nessas mesmas dimensões.

Nesse estágio do ser, tudo é mental e a atuação ocorre por vibrações e irradiações mentais, podendo mostrarse a nós, os espíritos, mesmo sem se deslocar da dimensão, esfera ou faixa em que vive. Apenas projeta-se mentalmente até onde estamos.

E se isso é possível, é porque domina conscientemente todas as suas fontes mentais geradoras das energias que o formam. Assim ele consegue finalmente ser o que sempre foi: uma projeção divina de uma semente de amor, fé e vida!

Os Guardiães da Lei, Seres Planetários

Comenta: Ogum Beira-mar, G. M. L. C.

Comentar os sagrados guardiães da lei é para nós a oportunidade de lançarmos um pouco de luz sobre um assunto de suma importância para os umbandistas em particular, e todos os iniciados em geral.

Assunto este tão pouco conhecido, mas que, em última instância, rege a vida de todos os que dedicam boa parte, e a parte boa de suas vidas, às coisas supra-humanas.

Quando dizemos a parte boa de suas vidas, queremos dizer que ela é a parte imortal, que não perece junto ao corpo carnal. Apenas isso, e nada de outras ilações, certo? Tudo o que um ser faz no final se revela bom, senão para si, pelo menos para algum semelhante.

Quanto aos guardiães da lei, são seres responsáveis pelo equilíbrio da lei dentro da natureza planetária. E têm por função velar para que excessos não sejam cometidos. Tanto os de ordem negativa quanto os de ordem positiva.

Sim, excessos de ordem positiva também acontecem.

Eles ocorrem quando "espíritos de luz" se imiscuem nos domínios dos "espíritos das trevas". E não é raro acontecerem excessos de atribuições, quando sentimentos opostos são elevados a estados extremamente emocionais.

Ogum Beira-mar, assim como todos os oguns, tem atribuições bem definidas dentro do Ritual de Umbanda Sagrada, e não poucas vezes temos que observar os procedimentos de filhos de fé e de santo que excedem suas atribuições, enquanto mediadores magistas por excelência entre o alto e o embaixo.

Muitas vezes os médiuns magistas, movidos pela melhor das intenções, acabam por interferir no curso natural de processos de esgotamento cármico e voltam contra si mesmos poderosas forças negativas, implacáveis nas suas cobranças, assim como com aqueles que interferem indevidamente nas suas ações.

Nesses casos só uma ação incisiva e pronta impede que a reação atinja o médium magista.

Exemplifiquei somente uma das múltiplas atribuições dos guardiães da lei, e restrita ao Ritual de Umbanda Sagrada, para não adentrarmos outras religiões, em que casos parecidos acontecem, quer seja com o padre que realiza um exorcismo ou com o pastor que faz uma desobsessão, ou mesmo com o espírita que acolhe em seu amor e caridade todos os devedores da lei travestidos de cordeiros imolados no altar das incompreensões.

Bem, acabei comentando o que não queria.

Mas... como não comentar se o assunto "Guardiães da lei" envolve todo o planeta e todas as dimensões?

Senão, vejamos.

O setenário sagrado regente da criação e das criaturas não é exclusivo de uma religião.

Todas as religiões nascem da vibração mental do Logos planetário e irradia-se por meio dos sete regentes planetários, cada um responsável pela harmonia e equilíbrio em um dos sete níveis conscienciais.

Esses níveis conscienciais aqui aludidos não são nem mais nem menos que os estágios evolutivos dos seres humanos.

Cada religião, ao seu tempo no plano material, cumpriu, está cumprindo ou ainda cumprirá sua missão maior, que é se tornar uma via de evolução para seus seguidores.

Não raro, todas as religiões cometem excessos devido às interpretações pessoais ou parcialistas das doutrinas que difundem.

Esses excessos deveriam ser debitados aos responsáveis por eles, mas ninguém ousa assumi-los pessoalmente, pois tudo é feito em "nome" de Deus.

Portanto, alguém no astral precisa fazer ver aos que "interpretaram" erroneamente a sua doutrina religiosa que ninguém tem o direito de matar, violentar ou torturar alegando razões divinas ou religiosas.

São tantos os excessos que preferimos não nos alongar para podermos comentar os seres planetários guardiães da lei.

Por lei, aqui em especial, entendam a ordem das coisas em todos os planos da vida e em todos os níveis conscienciais.

A lei age por si só e dispensa a interferência humana. Mas como o ser humano é envolvido, mesmo contra sua vontade, por aqueles que se desequilibram, então o fator humano também é acionado pela lei quando se faz necessário.

Existem hierarquias humanas voltadas exclusivamente para suprir carências da lei em determinados lugares ou aparar excessos cometidos justamente em nome dela.

As sociedades terrenas sempre contaram com juízes e executores das leis civis, militares ou eclesiásticas.

O Judiciário, em muitos países, assumiu as funções antes atribuídas às religiões. Mas em algumas religiões influentes, o papel de juiz pertence a religiosos, sempre parciais nos seus julgamentos, pois colocam seus dogmas acima dos interesses imediatos dos cidadãos, fato este que conduz a muitos arbítrios desumanos.

Isso é comum acontecer, tanto nas sociedades materiais quanto nas fraternidades existentes nos planos espirituais. E contrariando os "sábios iniciados" nas ciências espirituais, que julgam o "outro" lado um paraíso dotado de sapiência única, devemos contradizê-los dizendo o seguinte: não confundam a harmonia existente nas esferas superiores da luz, onde as hierarquias estabelecidas a partir da razão tudo regem, com o caos que há desde a segunda esfera inferior até a segunda superior. Dentro desse limite, tudo, mas tudo mesmo, assemelha-se ao plano material, inclusive em relação às religiões.

Nessas esferas (duas da luz e duas das trevas), ainda encontramos espíritos fortemente ligados às religiões que vivenciaram no plano material, que conservam tanto os vícios quanto as virtudes propagadas por elas.

Alguns desprezam o fator consciência no processo evolutivo e acreditam que do "outro lado" todos se tornam iguais.

Não atentam para o "espírito de corpos" e o "instinto de sobrevivência" coletivos, que o ser desencarnado leva em sua consciência após sua passagem.

"Mundos" espirituais católicos, judeus, islâmicos, budistas, espíritas, naturistas (indígenas), etc. existem para acolher os desencarnados, tanto nas esferas da luz quanto das trevas.

Em meio ao caos "aparente", reinam os guardiães da lei, evitando choques entre espíritos das mais conflitantes formações religiosas e culturais. Ora os sagrados guardiães atuam mentalmente abarcando todo um plano espiritual e induzindo seus moradores numa nova direção, ora recorrem às hierarquias celestiais de espíritos responsáveis pela ordem dentro dos planos.

A Umbanda Sagrada, em sua codificação, recorreu ao setenário planetário como regente do seu ritual religioso. Com isso, os guardiães da lei atuam em três graus:

1º — referente aos princípios da luz (alto);
2º – referente aos princípios das trevas (embaixo);
3º – referente aos princípios humanos (meio).

Esses três aspectos de uma mesma coisa hierarquizaram-se na luz em falanges de guardiães da lei na luz e guardiães da lei nas trevas.

Os Orixás sagrados, os tronos planetários regentes da natureza, ligados por qualidades, atributos e atribuições ao setenário sagrado, confiaram a lei e a guarda da vida aos 21 guardiães planetários que velam mentalmente pela harmonia e equilíbrio no alto, no meio e no embaixo.

Dizem os iniciados umbandistas que o Orixá Xangô é o juiz e Ogum é o executor da lei.

Mas isso é apenas uma simplificação de atribuições muito mais abrangentes.

O Orixá Xangô, um dos 21 guardiães da lei, ser planetário que atua unicamente através do mental, vela pela harmonia e o equilíbrio na evolução.

O Orixá Ogum, também atuando unicamente através do mental, vela para que os excessos ou carências sejam sanados.

Ambos, dentro do aspecto lei, são guardiães da harmonia e do equilíbrio.

Quanto ao aspecto vida, o Orixá Xangô vela pelo seu crescimento e o Orixá Ogum vela pela harmonia e equilíbrio desse crescimento.

Com isto, e sem nos prolongarmos demais, queremos deixar patente que os guardiães planetários participam de todos os aspectos da vida do ser humano, nada lhes escapando, pois atuam tanto mentalmente quanto por meio de hierarquias de espíritos responsáveis pela harmonia e o equilíbrio nas relações entre seres humanos.

Mas esses mesmos vinte e um guardiães da lei, ligados ao setenário sagrado, atuam no alto, no meio e no embaixo de todas as religiões, assim como das sociedades humanas.

Alguém já escreveu ou interpretou a entidade Exu como agente cármico por excelência. Mas até onde nos permitimos revelar, este é só um dos aspectos da lei das causas e efeitos, pois Exu não executa espíritos humanos, apenas os recoloca nas linhas preestabelecidas pelos Orixás sagrados para que recomecem suas evoluções.

O "aspecto Exu" abarca um universo negativo muito maior que o carma. Exu, antes de mais nada, e acima de tudo, é guardião do lado negativo dos pontos de forças da Natureza regidos pelos Orixás sagrados.

Só em função dessa sua atribuição principal é que Exu interfere na "vida". O contrário já não é verdade, pois tanto as hierarquias da luz quanto as das trevas só podem "velar" a vida, nunca interferindo no livre-arbítrio dos seres humanos ou contrariando as deliberações assentadas nas sociedades materiais.

Se assim não fosse, bastaria a um mediador de Umbanda se indispor com o seu, digamos, presidente, para enviar um Exu para executá-lo, que o derrubaria. Isso não acontece, e só uns tolos acham ou acreditam que isso é possível.

Exu tem um limite que deve respeitar, e caso ultrapasse seus limites, imediatamente é punido pelos guardiães da lei que atuam num nível superior dentro das hierarquias.

Exu é um termo ou palavra que designa os responsáveis pelos desvios de conduta dos seres humanos. Para nós, a classificação de Exu como agente cósmico está mal colocada. Exu é um agente da lei de natureza cósmica (negativa), que tem por limites as esferas negativas ou trevas.

Além do mais, ele não é só agente cármico por excelência, mas assume funções paralelas por ser membro atuante das hierarquias estabelecidas com o Ritual de Umbanda Sagrada, este sim, agente cármico por excelência.

O Ritual de Umbanda Sagrada, por ser uma religião fundamentada nos assentamentos (pontos de forças) dos Orixás sagrados (tronos regentes da Natureza), é, a exemplo de todas as outras religiões, agente cármico por excelência, por qualidades, atributos e atribuições.

Só as religiões codificadas, fundamentadas e assentadas em regentes divinos (seres planetários), quer sejam o Cristo Jesus, o Buda, Iavé, Krishna, Agni, Om, Nefas, Sirach, Ísis, Deus, etc., são agentes cármicos. E em todas as religiões que têm esses regentes divinos, também existem hierarquias que abrangem desde o extremo positivo até o extremo negativo.

Nenhuma religião assentada prescinde desse princípio regente das religiões: a hierarquia deve ser contínua desde o alto até o embaixo, sem nunca sofrer interrupção ou ruptura, senão haverá quebra na própria lei do carma.

Um crime cometido por um cristão será punido por um demônio cristão.

Um crime cometido por um umbandista será punido por um Exu executor (função agregada aos guardiães do lado negativo dos pontos de forças da Natureza, guardiães estes ligados diretamente aos tronos regentes da natureza).

Em qualquer religião, existem os dois extremos, que nada mais são que os polos positivo e negativo de um mesmo corpo: no caso, o corpo religioso.

Exu é agente cármico porque tem como uma de suas atribuições punir os criminosos?

Sim!, respondem os que pouco conhecem a lei.

Não!, dizem os que realmente conhecem os princípios da lei.

Afinal, cada religião tem seus "santos" e "demônios", e um demônio cristão prefere estar com o "diabo" que com um guardião negativo de um ponto de força da Natureza.

Porém, acima e além das classificações humanas, há toda uma faixa delimitadora, em que, a partir dela, as denominações deixam de existir e tudo é refletido como ser cósmico (negativo) ou universal (positivo), assim como as ações, que já não pertencem aos membros das hierarquias, mas tão somente aos regentes planetários, de atuação mental por excelência. E para eles não existem cristãos, islâmicos, budistas, umbandistas ou espíritas, mas tão somente vias de evolução com essas denominações. Também não atuam em função desta ou daquela denominação religiosa, mas tão somente a partir de princípios regentes do todo planetário, inerentes aos seres viventes.

As religiões são os agentes cármicos por excelência, por qualidade, atributos e atribuições.

Dentro desse "arco" religioso muitas são as hierarquias humanas responsáveis pela manutenção da harmonia e do equilíbrio (vida e lei). Umas existem em função de uma religião e outras em função de outra (s). Mas todas as hierarquias confluem para um dos sete regentes planetários, cada um responsável por um nível consciencial dos seres viventes.

O regente planetário Ogum para os umbandistas não responde por este nome no Cristianismo, cuja denominação humana é outra. Mas esse mesmo regente planetário está identificado com outras denominações dentro de todas as religiões.

Assim, quando o cabalista judaico o invoca, fá-lo com a designação de anjo tal.

Tudo é apenas uma questão de nomenclatura, e somente os tolos ou os ainda pouco evoluídos não sabem disso ou se recusam a aceitar isso como correto.

Deus, Brahma, Alá, Iavé, Olorum, Zeus, só para não nos alongarmos nas denominações humanas do nosso divino Criador, é uno na origem, no meio e no fim.

Mas dentro da Natureza, Ele, que abrange tudo, vai do extremo negativo (cósmico) ao extremo positivo, por onde evoluem todas as espécies.

Então poderíamos armar um esquema gráfico para nos situar dentro deste arco-reflexo divino por excelência.

Pois bem, com as figuras temos projeções isoladas, mistas e puras, além das linhas intercruzadas dentro da tela reflexora de todos os aspectos da vida. Dentro do campo de ação e influência dos vinte e um guardiães da lei. (7 para o alto, 7 para o meio, e 7 para baixo).

Na figura 1, temos a projeção dos vinte e um, com sete para cada faixa; na figura 2, temos a projeção das esferas da luz e das trevas; na figura 3, temos a projeção das linhas cruzadas; na figura 4, temos a projeção das linhas de forças formando a tela planetária onde todas as ações são refletidas; na figura 5, temos a projeção dos crescimentos universal e cósmico (magnetismo mental).

Nessas projeções usamos unicamente a bipolaridade, e assim podemos estabelecer os campos de atuação dos guardiães da lei.

Na linha horizontal, o polo positivo fica à direita de quem observa e o polo negativo, à esquerda.

Na linha vertical, o polo positivo fica no alto e o negativo embaixo.

Com isso temos o cruzamento das duas linhas, onde a linha horizontal simboliza o crescimento do ser e a vertical, sua evolução.

Ao contrário do que muitos acreditam e todos desconhecem, os crescimentos e as evoluções podem ser ascendentes ou descendentes.

A direção seguida não invalida ou anula o ser, pois atende à sua natureza mais íntima (positiva ou negativa). E um crescimento negativo, energético e mental, geralmente atende a ditames da lei e às necessidades das próprias hierarquias estabelecidas, que acolhem somente espíritos com afinidades magnéticas, emocionais, racionais e conscienciais.

Figura 1

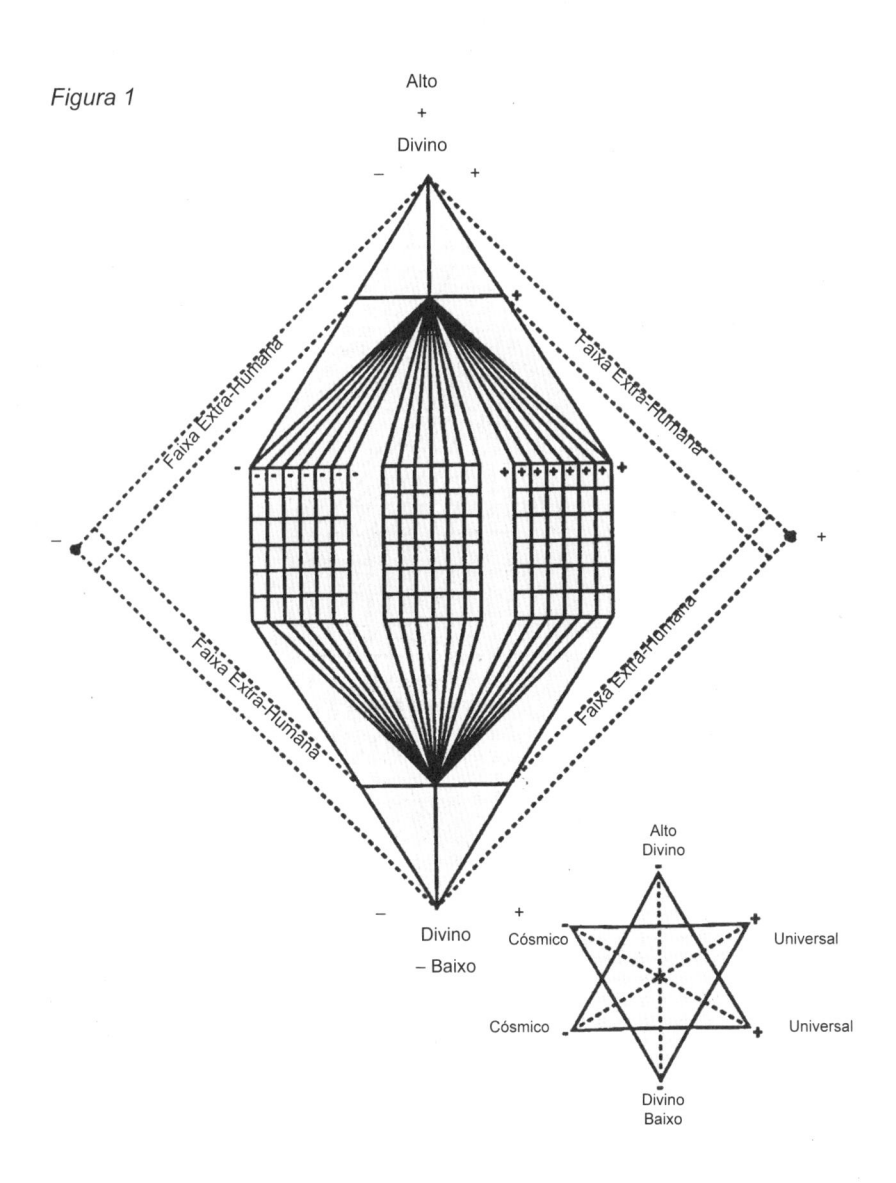

Alto
+
Divino

Faixa Extra-Humana
Faixa Extra-Humana
Faixa Extra-Humana
Faixa Extra-Humana

Divino
– Baixo

Alto
Divino

Cósmico
Universal

Cósmico
Universal

Divino
Baixo

138 *A Evolução dos Espíritos*

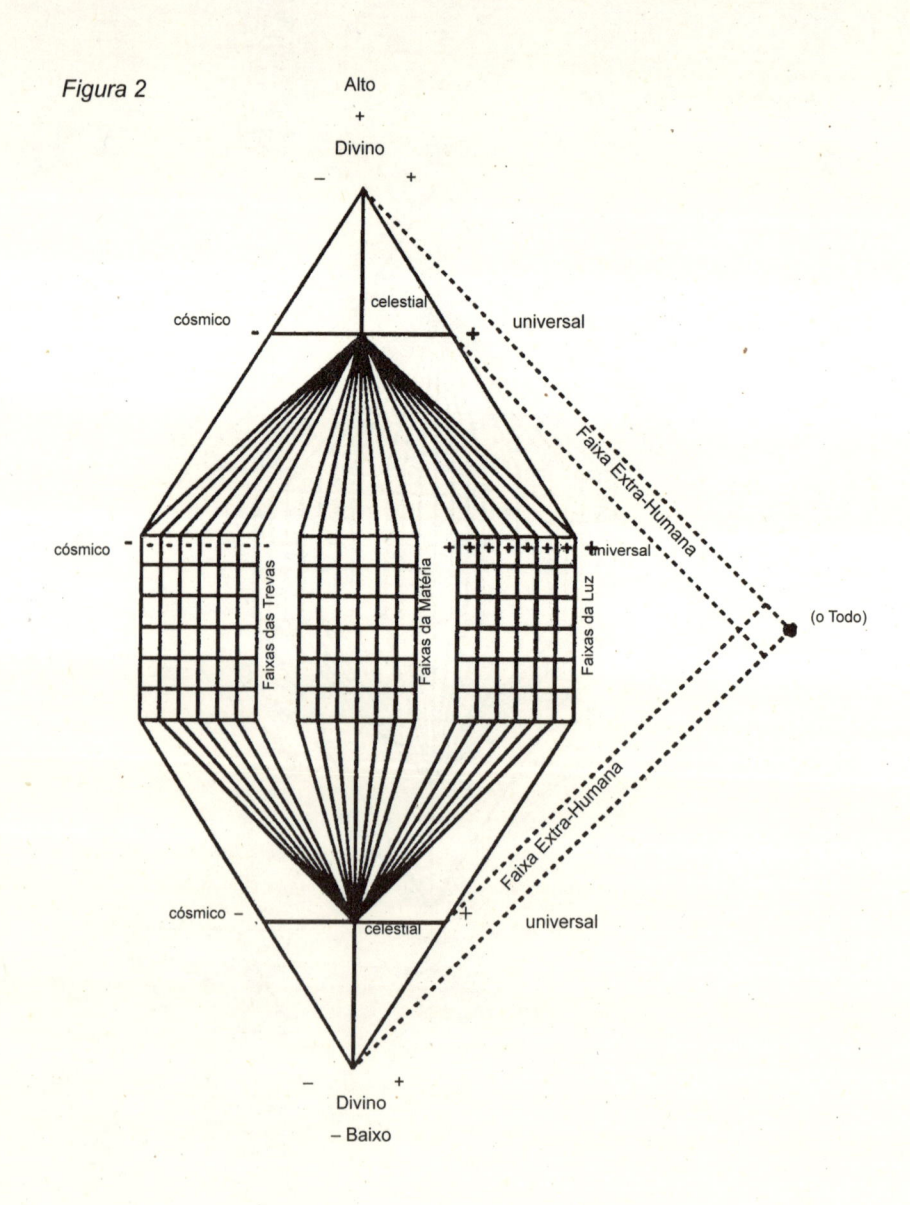

Figura 2

Alto
+
Divino

cósmico — celestial + universal

Faixa Extra-Humana

cósmico — Faixas das Trevas | Faixas da Matéria | + Faixas da Luz — universal (o Todo)

Faixa Extra-Humana

cósmico — celestial + universal
− +
Divino
− Baixo

Figura 3

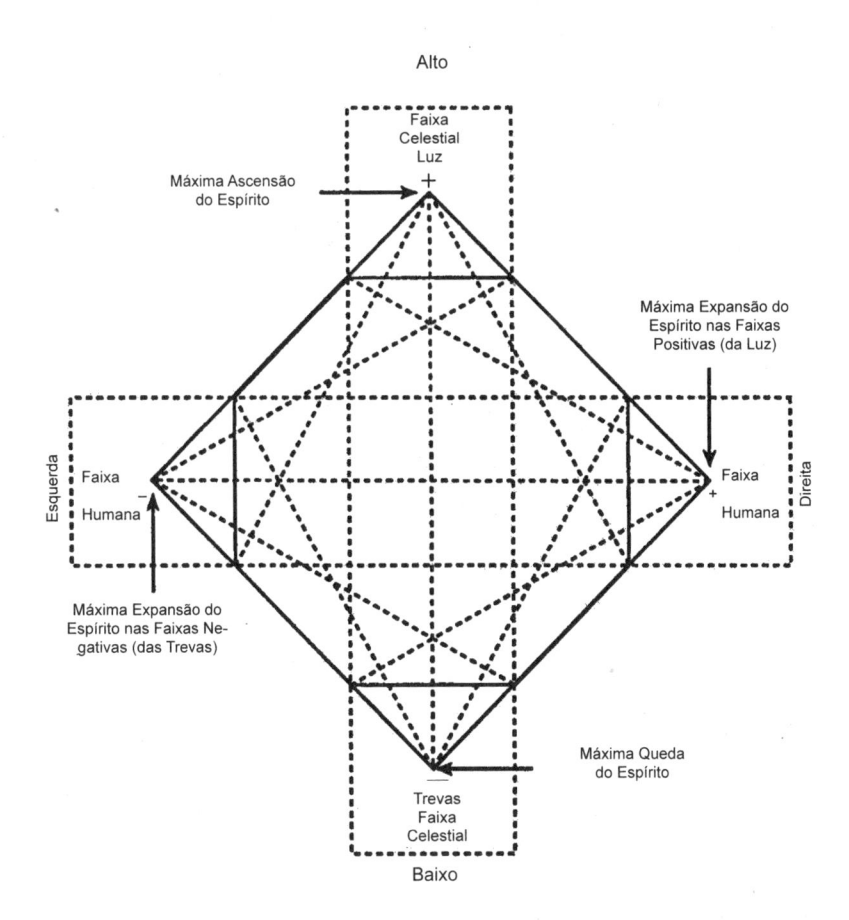

Alto

Faixa Celestial Luz

Máxima Ascensão do Espírito

Máxima Expansão do Espírito nas Faixas Positivas (da Luz)

Esquerda

Faixa Humana −

Faixa Humana +

Direita

Máxima Expansão do Espírito nas Faixas Negativas (das Trevas)

Máxima Queda do Espírito

Trevas Faixa Celestial

Baixo

140   *A Evolução dos Espíritos*

Figura 4

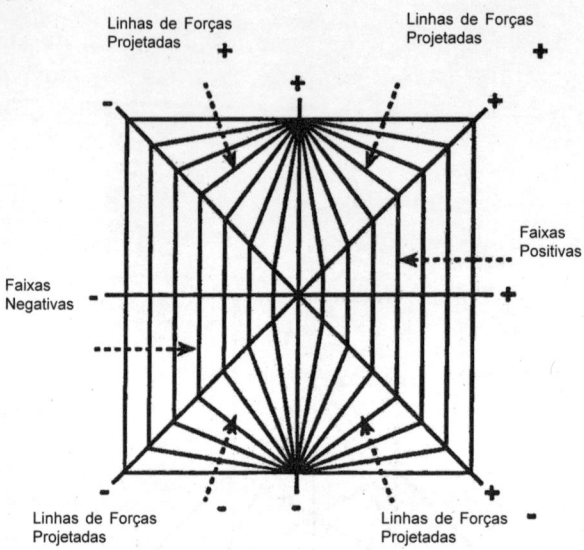

- Linhas de Forças Projetadas
- Linhas de Forças Projetadas
- Faixas Positivas
- Faixas Negativas
- Linhas de Forças Projetadas
- Linhas de Forças Projetadas

Figura 5

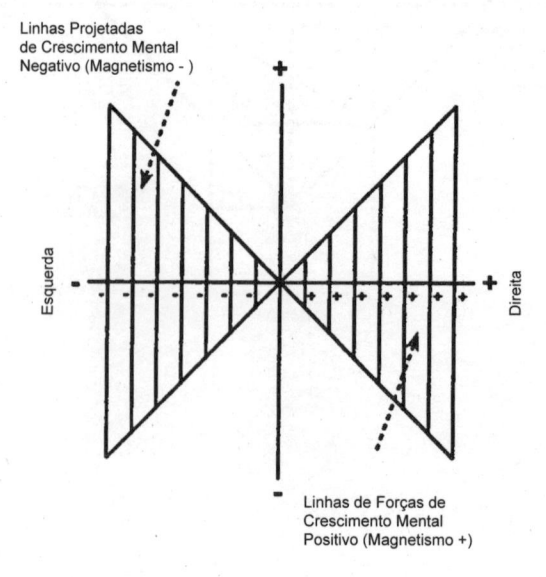

- Linhas Projetadas de Crescimento Mental Negativo (Magnetismo −)
- Esquerda
- Direita
- Linhas de Forças de Crescimento Mental Positivo (Magnetismo +)

No final, todos alcançarão o mesmo ponto em que, na figura 1, o Todo (Deus) projeta-se sobre o planeta. A partir daí, podemos dizer que o fim de cada um só a Ele pertence.

Portanto, não adianta um ser humano de natureza negativa tentar evoluir nas esferas positivas, porque sempre será atraído pelo magnetismo das esferas negativas, e viceversa.

Mas, negativo não significa inferno e positivo não significa céu.

E por desconhecerem esses dois polos magnéticos (naturezas distintas), os espíritos cometem muitos desatinos, estacionando em determinadas faixas, de onde saem apenas quando sobre eles atuam os guardiães da lei.

Sobre os que estão "correndo" demais, também acontece uma atuação intensa no sentido de contê-los dentro de seus limites. E tudo isso é atribuição dos sagrados guardiães da lei, seres divinos por excelência e de atuação mental planetária através das consciências.

Uma observação: na Umbanda, não existe entidade espiritual que responda pelo nome de Exu de "tal" que não tenha vivido no plano material, assim como não há Caboclos, Pretos-Velhos, Baianos, Ciganos e Boiadeiros que nunca tenham encarnado.

Os Exus e Pombagiras, ou Exus femininos, respondem aos regentes dos pontos de forças da Natureza (Orixás). É o mesmo com todas as outras entidades distribuídas dentro das linhas de lei, de ação e de trabalhos do ritual de Umbanda.

Dentro da evolução, há toda uma hierarquia em que, aos poucos, os espíritos vão evoluindo mental e consciencialmente. E só à medida que se evolui vai-se alcançando níveis superiores da criação, em que as formas vão dando lugar às essências, até que se alcance um nível em que todas as essências são quintessenciações vivas, que pensam, raciocinam, movimentam-se e servem à lei, independentemente da formação humana que um dia já tiveram.

Tanto na evolução quanto no próprio ser, tudo é lei, tudo é vida e tudo é divino.

Divinos também são os sagrados guardiães da lei de Deus, pois velam o tempo todo por nós, servos da lei (Deus).

O Setenário Sagrado

Comenta: Li Mahi Am Seriyê, G. M. L. C.

Comentar o setenário sagrado é muito mais delicado que à primeira vista possa parecer.

Afinal, o inominável, incognoscível e impenetrável Deus a nos chega uno e indivisível. E, no entanto, multiplicado e multiplicador por natureza e excelência divina.

Toda a criação evolui.

Todas as criaturas evoluem.

Nada é estático na Natureza, ainda que nada mude, porque a Natureza como um todo é perene, contínua e constante.

Assim, o setenário sagrado é a multiplicação do uno através de essências divinas celestiais.

O setenário sagrado rege o todo planetário por meio de vibrações mentais, emanações energéticas, irradiações magnéticas e vibrações consciênciais.

Tomemos, como exemplo, as células de um corpo humano: elas somente estão vivas enquanto assim estiver o corpo físico. Mas quando o corpo morre, elas perecem.

E, no entanto, todas elas obedecem a uma ordem tão perfeita que a multiplicação celular ocorre somente para que o organismo não sofra desequilíbrios. A multiplicação realiza-se somente quando o organismo, como um todo, solicita-a.

Existem mecanismos sutis a coordenar a ação de todas as células do organismo.

Ha células que, após certa idade, já não conseguem multiplicar-se, assim como existem aquelas que já completaram seu número quando o ser chega para a vida na matéria.

Também existem aquelas que são geradas continuamente, dependendo tão somente do equilíbrio energético do corpo. Mas estas ou são excretadas ou reabsorvidas pelo organismo. Mesmo os órgãos, com o passar do tempo, vão perdendo o vigor, e conduzindo o ser físico para seu envelhecimento na matéria.

Isso em se tratando de um corpo humano, que obedece a um código genético que o limita no tempo e no espaço material, já que sua permanência no meio material é limitada aos reajustes, à evolução ou ao descanso do espírito.

Mas, e com os corpos sociais?

Bom, neste caso outros mecanismos, também sutis, atuam fortalecendo-os, sustentando-os, expandindo-os e limitando-os, porque o acaso não existe, ainda que muitos a ele creditem os acontecimentos.

Até em um nível consciencial, dominado ou influenciado pela mente humana, é aceitável a crença de que o homem é a medida do meio em que vive. Mas desse nível para cima outra visão se tem, e já não se aceita o acaso como possível.

Tudo obedece e responde a uma ordem tão perfeita, quanto ou mais até que aquela que regula um corpo humano. Relacionamos, na escala das comparações, os hormônios com as "vontades", entre aspas mesmo!

A geração de hormônios estimula funções específicas dentro do organismo de um ser humano, e o desequilíbrio hormonal desestrutura o ser como um todo harmônico.

O mesmo ocorre com as vontades: uma apatia, num sentido, desarmoniza toda a estrutura psíquica do ser.

Também relacionamos, na escala de comparações, o sistema nervoso com os desejos, pois um desequilíbrio nele também leva a uma desarmonia, mais de ordem física que psíquica.

O mesmo ocorre com um desequilíbrio nos desejos, que tanto pode elevar o humor quanto rebaixá-lo.

Ainda na escala das comparações, relacionamos o cérebro com o racional, e qualquer modificação em um dos dois altera toda a vida do ser.

Comparamos o sistema circulatório ao emocional, pois qualquer falha no perfeito funcionamento dos dois pode levar o ser à desagregação ou à paralisação de algumas de suas funções.

Poderíamos continuar as comparações, mas nosso objetivo é bem outro. Aqui queremos apenas deixar compreensível que o setenário sagrado não é formado por entidades, como pode parecer à primeira vista.

Em verdade, o setenário sagrado é composto por emanações do divino Criador que regulam o todo planetário em que vivemos e evoluímos.

Essas emanações regulam "toda" a vida existente dentro desse abençoado e generoso planeta.

Em um nível superior e extra-humano, o setenário pode ser comparado aos hormônios, ao sistema nervoso, ao cérebro, aos sistemas circulatório, respiratório, digestivo e reprodutor.

Temos aí, a título de comparação, sete sistemas do corpo humano que obedecem a uma ordem que os coordena, ora ativando um, ora outro, ora todos ao mesmo tempo.

No corpo humano, esta ordem pode ser a vida, porque ela coordena todas as funções do organismo humano visando sempre a sustentá-lo vivo.

Já em relação ao setenário sagrado, a ordem que o coordena e ativa nós chamamos de Deus.

É Ele quem ativa um dos sentidos ou todos ao mesmo tempo, para que o corpo planetário não sofra desequilíbrios bioenergéticos, tampouco quebra da continuidade no ritmo e ciclos da vida, que não se restringem somente às necessidades de uma sociedade, ou mesmo da espécie humana.

Afinal, mesmo na dimensão material, o ser humano é somente uma das muitas espécies que aí vivem.

E todas são regidas pelo mesmo setenário sagrado que, enquanto sentidos divinos, emano diretamente do divino Criador, a reger todos os seres e todas as dimensões da vida dentro do todo planetário.

A melhor comparação com o setenário sagrado que podemos fazer é com os sete sentidos (amor, fé, conhecimento, lei, razão, saber e geração) capitais da vida e aplicam-se a todas as espécies, resguardando a cada uma os níveis conscienciais inerentes às suas funções dentro da Natureza como um todo.

Sim, a mais feroz das espécies também vibra o amor. Ou não é verdade que a leoa caça o alimento e amamenta seus filhotes com o mesmo amor e carinho que uma mãe humana?

Sim, em todas as espécies o amor é visível para quem o compreende como um dos sentidos da vida e o entende como uma das manifestações da vida do ser.

Todos os outros sentidos também são encontrados visíveis ou amalgamados com os instintos básicos de sobrevivência. Basta uma contemplação acurada das espécies consciencialmente inferiores para encontrarmos o sentido da geração sendo vivenciado.

As mais temidas serpentes unem-se para gerar novas vidas, e os enormes elefantes também se cruzam visando à perpetuação das espécies.

A geração é um dos sete sentidos da vida e está presente tanto no cruzamento de dois seres da mesma espécie quanto no DNA celular.

Mas o amor da mãe leoa amamentando seus filhotes também está nas células do organismo quando uma cede nutrientes básicos à sua vizinha na constituição de um tecido de algum órgão ou aparelho.

Um ato de amor pode ser visto de várias maneiras. E tanto a mãe que amamenta seu filho quanto a célula que cede seus nutrientes à sua vizinha debilitada o estão realizando, pois a função do amor dentro da vida é harmonizar a própria vida das espécies.

Assim entendidos quanto às funções básicas sustentadoras da vida, exercidas através dos sentidos capitais, por comparação chegamos ao setenário sagrado.

E por comparação e analogia das funções, chegamos à identificação humana com o setenário sagrado.

Podemos comparar o divino Buda, o divino Krishna, o divino Cristo, o divino Hermes, o divino Maomé, o divino Moisés ao setenário sagrado que é emanação viva do divino Criador.

Cada um dos divinos mestres humanos acima citados, entre tantos outros, identificam-se com um, alguns ou todos os sete sentidos da vida. E não tenham dúvidas de que foram ativados por um, alguns ou todos os sete sentidos da vida, que formam, analogamente, o setenário regente do todo planetário: a vida.

Cada um deles, ao seu tempo e lugar, atendeu a uma vibração mental planetária que o estimulou a realizar uma ação de longo alcance no tempo, no espaço e na consciência da espécie humana.

E, por terem sido ativados pelo setenário sagrado, tornaram-se imortais, pois atenderam à vida, que é em si mesma imortal, já que é a manifestação do todo (Deus) nas partes (seres).

A melhor identificação do setenário sagrado que podemos encontrar localiza-se atualmente no Ritual de Umbanda Sagrada quando o relacionamos, por analogia, aos Orixás sagrados, os tronos regentes da Natureza.

Em Xangô encontramos a razão
Em Iemanjá encontramos a geração
Em Oxóssi encontramos o conhecimento
Em Oxalá encontramos a fé
Em Oxum encontramos o amor
Em Ogum encontramos a lei
Em Obaluaiê encontramos o saber

E reunindo os sete no arco das emanações de Deus, encontramos os sete sentidos capitais da vida.

Tudo é apenas uma questão de observarmos as coisas segundo os princípios regentes de todas as espécies e o nível consciencial de cada uma, assim como dos próprios membros que as compõem, pois umas são estáticas no plano material e outras não o são.

Isso é o setenário sagrado. Quanto ao mais, são somente meios de nos expressarmos quando tentamos comparações dessa natureza. Afinal, humanos ainda somos, não?

As Religiões "Desaparecidas" que Continuam Ativas

Comenta: Li Mahi Am Seriyê, G. M. L. C.

    Desde onde nos é possível pesquisar, constatamos a existência da religião como o mais poderoso aglutinador de consciências humanas em uma mesma linha de evolução.

    Mesmo nas sociedades tidas como primitivas, a religiosidade era o sustentáculo maior das famílias e dos clãs tribais, não importando a divindade cultuada. Cada povo tinha suas predileções por esta(s) ou aquela(s) que mais qualidades, atributos e atribuições afins possuísse(m).

    E uma divindade só terá uma ampla aceitação no inconsciente coletivo de um povo caso preencha certos requisitos conscienciais afins e satisfaça às idealizações religiosas da maioria da população.

    Divindades "humanas" são as que melhor atendem a essas necessidades básicas dos seres: identificação e afinidade!

    Uma divindade de difícil assimilação, e mesmo de difícil invocação e ritualização, está fadada ao ostracismo ou ao recolhimento a certos círculos iniciáticos de difícil acesso.

    Divindades muito humanas também não têm um alcance grande, nem uma longa duração no tempo, devido à sua "materialidade".

    Logo, em se tratando de religião, todas as divindades são válidas, desde que não sejam nem muito ao céu nem muito à terra, pois se forem muito "elevadas", serão inatingíveis pelo ente humano, e se forem muito "baixas", logo a humanidade as enterrará juntamente com suas sociedades passageiras.

    Mas de modo algum as divindades deixam de realizar suas missões sagradas com os povos e as sociedades formadas a partir de traços étnicos marcantes de uma raça.

As divindades podem ser classificadas segundo várias qualidades:

1º – Divindades naturais: deuses da Natureza.
2º – Divindades humanas: encarnação de avatares.
3º – Divindades supra-humanas: deuses conscienciais.

No caso da primeira classificação, encontramos as divindades africanas (Orixás), os deuses da América indígena; uma parte dos deuses gregos, egípcios, celtas, persas, babilônicos, hindus, dóricos, chineses, japoneses, polinésios, australianos, etc.

No segundo caso, encontramos as divindades humanas, tais como: Jesus Cristo, Buda, Krishna, Hermes, Apolo, etc.

No terceiro caso, encontramos as divindades Brahma, Iavé, Ormuz, Zeus, Olorum, etc.

Ao estudarmos um povo, só atinaremos para sua natureza se sentirmos sua alma através das divindades que cultua.

Sua natureza assenta-se nesta ou naquela religião que a mais requisitos satisfizer. E isso tanto é verdadeiro que há imensas coletividades de espíritos que ainda vivem ao redor de divindades já adormecidas no plano material, mas não no plano espiritual.

Sociedades riquíssimas, culturalmente falando, não perecem de todo somente porque outros deuses ou divindades se lhes são impostos.

Um elo de identificação ancestral reúne no astral todos os espíritos magneticamente afins com as divindades substituídas, e por mais que venham a impor novas divindades, essa afinidade magnética atrai para as antigas divindades todos aqueles que um dia nelas saciaram a sede de suas almas.

Eis aí o fator divino que se serve do novo para renovar o antigo, purificando-o dos excessos ou das deficiências.

Houve um tempo em que cada povo, raça ou sociedade possuía seu panteão de divindades que atendiam a todas as tendências religiosas, surgidas a partir dos graus conscienciais dos membros de uma sociedade.

Cada um cultuava o seu panteão nacional, mas também destacava nele a divindade que mais satisfazia sua consciência e necessidades íntimas.

No meio da diversidade, o uno sempre se manifestava por meio de um dos planos conscienciais do setenário sagrado.

Com isso, se um ser fosse deslocado para outra sociedade, logo identificava na nova religião uma divindade afim com aquela que possuía antes, por causa das qualidades, atributos e atribuições análogas.

E isso ocorreu, ocorre e sempre ocorrerá ainda que o ser saia de uma religião cujas divindades são da Natureza e vá para outra em que elas são humanas ou conscienciais.

Um cristão, ao tornar-se umbandista, logo associa os antigos santos aos Orixás, e o divino mestre Jesus ao Orixá Oxalá, mestre por excelência e natureza.

Mas um umbandista consegue facilmente identificar no panteão judaico divindades afins com seus Orixás sagrados.
Ou alguém acredita que os judeus cultuam apenas Deus, e nada mais? Os seus anjos, arcanjos, serafins, querubins e tronos não são divindades? Não?
Se acreditam nisso, deveriam aprofundar-se no tema, afinal, Iavé tem suas hostes de auxiliares divinos, não tem?
Logo, existe todo um panteão que está assentado tanto à direita quanto à esquerda, e somente os "cristãos novos" ainda acreditam num deus solitário realizando tudo e dispensando todo e qualquer auxílio das divindades instituídas por Ele mesmo, o divino Criador.
Em todas as religiões, existem hierarquias divinas compostas de divindades supra-humanas a regê-las em todos os aspectos.
E tanto o umbandista que invoca Ogum quanto o cristão que invoca São Jorge e o judeu que invoca Gabriel estão fazendo a mesma coisa: invocando uma divindade estabelecida e assentada no meio humano. E isso para ficarmos só na cultura religiosa ocidental que é a do médium escritor destes comentários. Mas em outras culturas orientais ou já adormecidas, encontrarão divindades análogas, caso as estudem.
Com isso, e sem nos aprofundarmos mais nesta linha de exposição, esperamos ter deixado assentado que a divindade muda de nome, entretanto em verdade, o que ocorre é apenas uma adaptação às culturas diferentes que a acolhem, ou só a renovação de uma divindade já muito antiga.
Afinal, o Cristianismo fundamentou o culto à Virgem Maria, baseando-se na já antiquíssima Ísis dos egípcios, que por sua vez a buscaram em outra divindade muito mais antiga e já adormecida na memória material da humanidade, que conhecemos com um nome sagrado diferente.
Tudo em religião é comparável pela analogia das qualidades, atributos e atribuições.
Com isso comentado, então já podemos abordar as religiões desaparecidas, mas muito ativas no lado espiritual da vida.
Comecemos por esclarecer que tanto o meio quanto as três esferas ascendentes (luz) e descendentes (trevas), são habitadas por espíritos recém-desencarnados ou ainda ligados umbilicalmente ao ciclo reencarnatório, portanto, sujeitos às religiões ainda dominantes no plano material.
Mas essas mesmas religiões já enviaram para as esferas superiores (4ª acima) e para as inferiores (4ª abaixo) espíritos que não reencarnam mais, ou que caso venham a fazê-lo, será somente em missões específicas atendendo aos objetivos maiores da lei.
Portanto, temos nas 5ª, 6ª e 7ª esferas espíritos com formações religiosas que conservam em seus fundamentos os princípios basilares, que um dia os guiaram no plano material.
Esses espíritos não reencarnantes, mas de amplo desenvolvimento mental e grande ascensão espiritual, estão incorporados às hierarquias

regentes das religiões que adotaram, porque nelas encontraram muitas afinidades.

Vamos a um exemplo: na religião cristã relativamente nova (2 mil anos), o divino mestre Jesus já incorporou às suas hostes angelicais incontáveis espíritos humanos que abraçaram o Cristianismo como sua religião final.

São milhões de seres humanos que já ultrapassaram o estágio humano da evolução e hoje se encontram quintessenciados e incorporados às hostes angelicais que, se ainda não se angelizaram, estão prestes a fazê-lo.

Esses espíritos já superaram a fase dos dogmas e dos tabus humanos há muito tempo e se identificam, não por serem cristãos, mas por haverem se cristificado em todos os sentidos. E onde quer que se mostrem são vistos, aceitos e tratados com todo o respeito e reverência de que são merecedores, porque doaram a si mesmos pelo bem comum da humanidade.

Nenhum espírito, dentro do arco humano, deixa de saudá-los e de reverenciá-los como luminares da humanidade e mensageiros da luz.

Eles também, quando se encontram com os Orixás mediadores (seus pares no Ritual de Umbanda Sagrada), saúdam-nos com o respeito e a reverência devidos a seres que também se doaram pelo bem da humanidade.

E o mesmo ocorre quando os encontros acontecem com membros de hierarquias divinas de outras religiões ainda dominantes no plano material, mas que já tiveram muitos dos seus adeptos finais quintessenciados ou angelizados.

Assim, um ser com nível consciencial superior olha seu semelhante ascensionado a partir de outra religião, como um igual em grau hierárquico dentro do todo planetário, que é o setenário regente.

Com isso esclarecido, adentraremos as religiões já desaparecidas.

Bem, a verdade é que muitas religiões já foram dominantes no plano material, mas aos poucos foram sendo substituídas por outras devido ao esgotamento das sociedades que as haviam adotado como vias de evolução dentro do dom da religiosidade.

E elas, aos seus tempos e espaços, enviaram para as esferas superiores milhões de espíritos que, quintessenciados, ascenderam às hierarquias planetárias, servidoras do setenário sagrado.

Temos, só para ficarmos em religiões ainda conhecidas, a druida, a grega, a romana, a egípcia, a babilônica, a dórica, a védica, a fenícia, a ameríndia (em fase de diluição no plano material, mas ainda em expansão no plano espiritual), a celta e muitas outras.

Todas elas têm nas hierarquias superiores (planetárias) seres que nelas encontraram sua religião final, que os libertou do ciclo reencarnatório.

Esses seres, de nível consciencial superior (planetário), ainda são ligados a planos da lei e da vida existentes no astral, mais precisamente na faixa celestial, já comentada antes.

São planos em que vivem milhões e milhões de espíritos humanos ainda evoluindo rumo às suas quintessenciações, que só se realizam à medida que o ser vai se doando ao bem maior da humanidade: Deus.

E Deus, onipotente, onisciente e onipresente direciona-os para onde mais são solicitados: as religiões ainda dominantes no plano material.

Portanto, é comum encontrarmos espíritos em fase de quintessenciação com uma formação religiosa basilar de sua evolução, digamos egípcia, guiando e inspirando um papa, um imam, um rishi, ou mesmo um babalorixá de Umbanda. Eles são chamados de mentores.

Bem, até a terceira esfera (acima ou abaixo) vivem os espíritos ainda ligados ao ciclo reencarnatório e, portanto, unidos às suas últimas religiões.

Mas isso não os impede, tal como acontece no plano material, de "adotarem" outra religião em que encontram maiores afinidades, vindo a, em espírito, fixar-se nos domínios astralinos e materiais delas.

Da quarta esfera para cima, os espíritos já desligados do ciclo reencarnatório ainda guardam sua formação basilar, mas estudam e incorporam os fundamentos de todas as outras religiões, porque consideram-nas como vias divinas de evolução, dignas de todo o respeito e louvor. E quando lhes é possível ou indicado pelos superiores hierárquicos, estagiam nos domínios delas, e com isso adquirem um conhecimento amplo e de maior alcance, que certamente será usado pelos seus superiores hierárquicos quando os enviarem em missões no plano material ou nas esferas espirituais. Com isso, o ser enriquece seus conhecimentos e magnetiza-se ainda mais, mentalmente falando. Ele tende a crescer quando conhece outros fundamentos religiosos, em que vias de evolução estão baseados.

Em outro aspecto, podemos ver a atividade imensa das religiões já desaparecidas, observando ordens iniciáticas no plano material.

Elas, as ordens, são meios aos quais recorrem as hierarquias para acelerar a evolução de espíritos encarnados nas religiões dominantes, mas umbilicalmente ainda unidos às já extintas no plano material, ligações estas que não são rompidas pelas novas, pois o mental ainda vibra todo um magnetismo que as religiões atuais no plano material não conseguem destruir.

Tomemos, como exemplo, um espírito que traz em seu mental o magnetismo natural dos Orixás.

Esse espírito reencarnou muitas vezes dentro dos domínios religiosos dos Orixás e está umbilicalmente ligado à religião natural. Encarnando em solo brasileiro, ou será atraído para o Candomblé ou para a Umbanda Sagrada.

Mas, se numa destas duas vias evolutivas de raiz comum não encontra afinidades mentais, certamente as encontrará ou no espiritismo kardecista ou nos rituais protestantes, também adeptos do contínuo contato com a incorporação, na qual alegam receber o espírito santo de Deus, fato que está no meio entre a verdade e a não verdade, pois eles, mediunizados, e falando outras línguas, nada mais estão fazendo do que incorporar seus mentores espirituais, tão humanos quanto o Caboclo, o Preto-Velho, o Baiano, o Boiadeiro ou mesmo o Exu que incorpora nos médiuns umbandistas.

A verdade reside em que todos nós somos espíritos de Deus. A não verdade está em que nem todos nós já nos santificamos (quintessenciamos), para sermos espíritos santos de Deus.

E quer eles aceitem ou não, incorporam espíritos tão humanos quanto eles, que os acompanham e os guiam para que, em harmonia e equilíbrio, evoluam.

Quanto ao restante, são criações humanas ou complexo de superioridade religiosa que não encontram fundamento nas leis regentes da religiosidade humana.

Com conhecimentos profundos de causa, podemos afirmar que as seitas protestantes são grandes "redes" da lei que, lançadas pelo pescador divino, retêm em seus domínios os "peixes" ainda não aptos a vislumbrar, nas outras divindades, a presença de Deus.

Por que Deus, inapreensível por excelência, haveria de ter sido apreendido pelo Cristianismo ou se manifestaria ao homem somente por meio do Cristo Jesus?

Quem foi o ser ainda subconsciente que propagou essa falsidade que constrange a mais mediana das consciências?

E a mesma pergunta lançamos ao islâmico, ao judeu e ao católico.

Parafraseando um monarca terreno perguntamos: Onde está a escritura que os torna "donos" de Deus? Mostrem-na que renunciaremos às nossas ligações umbilicais com as divindades ancestrais que nos auxiliaram, auxiliam e haverão de auxiliar por todo o sempre em nossas evoluções.

Quanto ao mais, são interpretações humanas da ou das divindades com as quais mais afinidades encontrou.

Por isso, a todo instante ingressam nas ordens, assentadas em fundamentos ancestrais de religiões já desaparecidas no plano material (mas muito ativas no plano espiritual), pessoas com formações religiosas as mais diversas possíveis.

Temos assim a Maçonaria, a Rosa-cruz, a Gnose, a Golden Dawn, a ordem védica e outras sob as mais diversas denominações.

São milhões e milhões de seres humanos que transitam por elas, sempre procurando aquilo que nas suas religiões não lhes foi facultado: o livre pensar sobre assuntos tão íntimos e tão importantes que não se negam ao sacrifício ou à execração pública, pois têm suas consciências tranquilas quanto ao acerto de suas opções religiosas, que os sustentam tanto na luz quanto na escuridão que reinam lado a lado, quando não amalgamadas, aí no plano material.

Acreditem! Nenhuma religião morre, apenas cede seu lugar no espaço quando os tempos já são outros, e outras são as sociedades.

Mas as divindades, estas sempre se assemelham, porque no plano humano todos nós nos assemelhamos enquanto seres humanos, certo?

Um abraço fraternal.

Tronos, Reinos e Domínios

Comenta: Li Mahi Am Seriyê, G. M. L. C.

Comentar os tronos, os reinos e os domínios é poder descrever a vida como ela é no astral. E ainda que muitos já tenham feito isso, no entanto são de suma importância essas descrições a respeito da vida no plano mais sutil da vida, pois evita-se que os fabulistas religiosos prometam o paraíso aos fiéis religiosos como recompensa à fidelidade e à submissão a líderes mais interessados em escravizá-los que libertá-los do materialismo emocionalista.

Sim, porque não são poucos os que, do alto de seus púlpitos e brandindo um código qualquer, exclamam: "Entreguem-se a mim e sigam-me cegamente que ao paraíso os conduzirei!"

A partir daí, legiões de incautos matam, pilham, torturam e aprisionam seus semelhantes, tudo em nome de Deus.

Que absurdos os homens cometem em nome de Deus, quando na verdade estão apenas dando vazão a seus vícios emocionais, racionais e conscienciais.

Parafraseando o divino mestre Jesus, podemos afirmar com absoluta certeza que é mais fácil um ateu virtuoso entrar no reino dos céus que um líder religioso viciado sair do domínio das trevas da ignorância (inferno).

Triste fim aguarda todos os líderes religiosos que insuflam seus fiéis contra seus semelhantes ou outras religiões.

Todo o astral se agita quando surge um líder carismático que fascina multidões e as lança contra outras religiões na vã esperança de impor sua mísera crença a toda a humanidade.

Aos olhos da lei, mais vale um humilde asceta que um carismático, porém viciado, pregador.

Mas, voltemos aos tronos, reinos e domínios.

Tronos são pontos de forças irradiantes que se derramam por sobre todo o planeta, abarcando várias dimensões da vida.

Reinos são planos da vida, e domínios são regiões específicas dentro dos planos dedicados a espíritos com afinidades magnéticas.

Os tronos formam uma hierarquia que rege todos os pontos de forças localizados nos mais diversos reinos da Natureza e cujos domínios são limitados a faixas específicas em que vivem os mais variados seres da Natureza.

Há toda uma hierarquia para os espíritos humanos. Outra para os seres elementares cujas evoluções se processam em paralelo com a humana.

Mas não vamos nos extrapolar. Fiquemos apenas nos limites humanos, porque é com relação a eles que aqui comentamos os tronos, reinos e domínios. Comecemos por traçar uma linha:

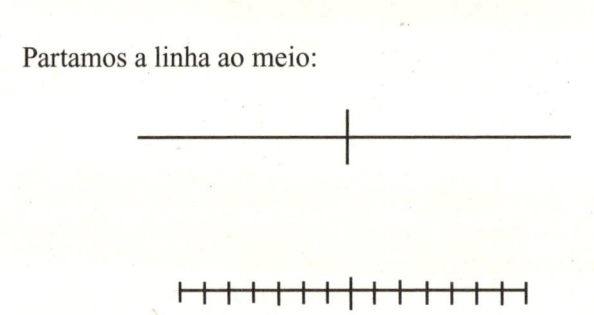

Partamos a linha ao meio:

Depois, seccionemos cada lado dela em sete partes iguais:

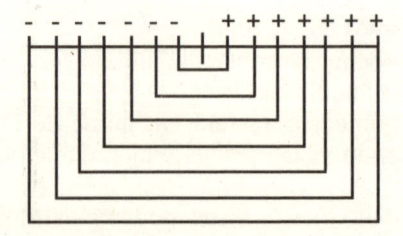

Depois façamos isto:

Temos aí as linhas de forças projetadas mostrando que para cada sinal (+) há um sinal (-) correspondente. E isso significa que para cada esfera da luz, há uma esfera das trevas correspondente, mas de polaridade oposta.

Assim, para o (+ 1) temos o (- 1), (+ 2) para (- 2) e assim por diante.

Em Matemática isto é a reta numerada, e em magia é a esquematização dos opostos, magneticamente falando.

Com isso, queremos dizer que o que há à direita também há, mas negativo, na esquerda.

Se há um trono na luz, outro igual, mas com polaridade oposta, também existe.

Indo mais além, podemos traçar as coordenadas e as abscissas, e também dizer que tudo o que há em cima também há embaixo.

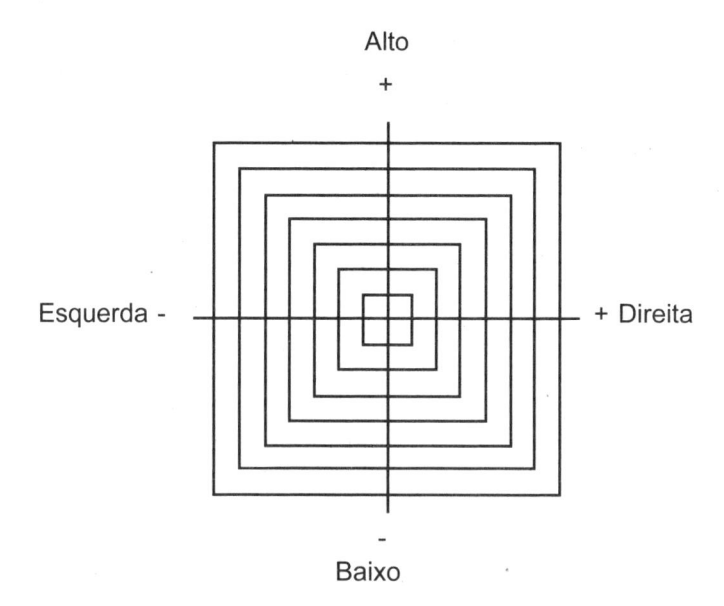

```
                    Alto
                     +


Esquerda -  ─────────┼─────────  + Direita



                     -
                    Baixo
```

Pela bipolaridade explicamos muitas coisas aparentemente inexplicáveis. Mas as linhas de forças em certo ponto são positivas (luminosas), e em outro são negativas (trevosas).

Os tronos, vistos assim, têm um lado positivo e outro negativo. Um lado luminoso e outro escuro.

Para toda hierarquia positiva (luz) existe uma negativa (sem luz) correspondente, mas atuando em sentido oposto.

Os incautos imaginam que tudo se processa segundo os desejos, concepções e a imaginação que têm do astral.

Mas na verdade, dentro da tela de ressonância magnética da lei, cada um de nós vibra um magnetismo único, que é formado em nosso mental a partir dos nossos sentimentos.

Assim, para cada faixa energética (luz, meio e trevas), vários graus de magnetismo vibram.

De acordo com o magnetismo mental, em espírito somos atraídos para os reinos ou domínios astrais dirigidos pelos tronos.

As faixas ou dimensões possuem seus regentes, que são seres de mentais planetários.

Os planos existentes dentro das faixas ou dimensões são regidos por seres também planetários.

Os reinos localizam-se dentro dos planos e abrigam seres. E cada reino atende a um grau consciencial específico, pois neles só habitam seres da mesma espécie e grau de evolução. Seus regentes são seres de alcance planetário, mas elementares.

Já os domínios, são gerais e abrigam os espíritos humanos.

Existem domínios da luz e domínios das trevas.

Por domínio entendemos localidades reservadas aos espíritos que possuem afinidades emocionais, energéticas e magnéticas.

Seus dirigentes, todos ligados aos regentes planetários, servem à evolução, pois estão voltados para os seres humanos.

É muito comum espíritos "ajuntarem-se" em determinado lugar dentro de um domínio, e por serem magneticamente afins, ali iniciarem aquilo que chamamos de moradas espirituais, onde passam a viver.

Nos muitos domínios existentes, encontramos moradas espirituais habitadas por espíritos afins religiosa, cultural e, emocionalmente, etc. Às vezes, espíritos sem nenhuma afinidade no campo religioso, porque tiveram formações religiosas diferentes, no entanto vivem na mesma morada por comungarem dos mesmos princípios da lei.

Nessa aparente mistura, o que realmente está acontecendo é a reunião de espíritos com graus de magnetismos semelhantes que, ainda que de forma diferente, comungam os mesmos princípios.

É por isso que nas moradas espirituais não existem racismos ou preconceitos.

Os espíritos afins, ao se encontrarem, são atraídos de imediato e sentem-se bem estando junto de seus afins, não importando sua raça, cor ou religião.

Mesmo as atrações macho-fêmea dispensam essas concepções existentes no plano material. Aos poucos os afins vão se reconhecendo por meio de ligações antigas que estavam adormecidas em suas memórias imortais.

Essas uniões ou reuniões tendem a formar pares que mais e mais afinidades vão descobrindo no decorrer da convivência numa morada espiritual, onde todos são afins, magneticamente falando.

E para os tolos puritanos ou preconceituosos quanto à natureza e sexualidade humana, quanto mais afinidades entre macho e fêmea, mais intensa é a união, que não significa, nas esferas da luz bem entendido, que precise acontecer a consumação do ato, pois as trocas de energias podem ocorrer de várias formas, e não necessariamente por meio da união dos corpos.

Dentro dos domínios, a vida flui naturalmente como se o ser continuasse a viver no plano material. Estuda, aprende, presta serviços de natureza espiritual, canta, dança, vive enfim, e evolui rumo ao seu fim: Deus!

Tudo isso acontece dentro dos domínios, em que todos são "velados" por entes superiores responsáveis por eles, os domínios.

Os regentes dos domínios atuam exclusivamente por meio de seus mentais e aumentam ou diminuem a circulação de energias sempre de acordo com as necessidades dos que neles vivem.

Dificilmente os regentes dos domínios se mostram. Mas quando isso acontece, são vistos como seres angelicais, já que anjos é o que realmente eles são.

Nos reinos, por serem elementares, seus regentes são aqueles seres chamados de Orixás por uns e de divindades por outros, porque exercem uma atração magnética muito forte.

Os anjos são densos devido às suas mentalizações.

Já os Orixás ou divindades são densos por causa dos magnetismos irradiantes.

Os anjos, senhores dos domínios humanos, irradiam imensas luzes devido à quintessenciação dos sentidos neles já ocorrida.

Já os Orixás irradiam imensamente graças à energização de seus magnetismos, puramente elementares, pois nunca encarnaram.

Enganam-se aqueles que acreditam que os anjos guardiães (regentes dos domínios) sejam seres diferentes de nós, os espíritos humanos. Se são diferentes, isso só ocorre porque eles já superaram há milhares de anos seus estágios humanos de evolução.

Anjos supra-humanos habitam somente as esferas extra-humanas, fora do nosso alcance visual, mental e energético, de onde atuam regendo as hierarquias angelicais responsáveis pela harmonia e equilíbrio dos seres humanos.

Nessas esferas extra-humanas, existem anjos cósmicos e universais, todos eles regidos pelos Tronos planetários e ligados ao setenário sagrado.

Os anjos cósmicos são responsáveis pelas esferas negativas, e os anjos universais são responsáveis pelas esferas positivas.

Todos atuam mentalmente, e só agem dentro da faixa vibratória magneticamente afim com ele.

Não existe a possibilidade de um espírito no grau três da escala magnética (-+) ser atuado por um anjo responsável, digamos, pela faixa em que vibram os espíritos de grau magnético 4 ou 5, por exemplo.

Se um espírito vier a se densificar, cairá na escala magnética e será atraído para um domínio mais denso em energias e magneticamente mais atraente, que o obrigará a ir para uma esfera inferior, independentemente de sua vontade, pois seu novo regente o atrairá mentalmente, retirando-o do lugar onde está vivendo e... desarmonizando.

O ser não sentirá muitas diferenças no novo domínio, porque voltará a viver entre espíritos magneticamente afins.

Tudo se processa de maneira tal que a ordem, a harmonia e o equilíbrio nunca são alterados nas esferas espirituais.

E mesmo dentro de uma esfera, existem subgraus magnéticos na escala, que podem separar uma coletividade espiritual das outras, isolando seus elementos de todos os outros espíritos que vivem naquela mesma faixa.

É por isso chegamos a um número tão grande de domínios.

Pode parecer um número grande, mas na verdade, e se computarmos todos os domínios existentes tanto nas esferas positivas quanto nas negativas, chegaremos à conclusão de que muito maior ele pode ser. Mas se aceitamos um número simbólico, foi apenas em atenção ao setenário sagrado, e obedecendo à multiplicação pela adição, ou seguindo as hierarquias dos degraus, em que há um trono; sete regentes; 77 dimensões; 777 reinos; 7.777 graus; e 77.777 subdegraus.

Um abraço fraternal!

Religiões, Vias Evolucionistas e Agentes Cármicos

Comenta: Seiman Hamiser yê, M. L.

Comentar as religiões como vias evolucionistas e agentes cármicos ainda é possível. O que não podemos é discutir as razões de elas serem como são, pois todas obedecem a razões divinas, que são "indiscutíveis".

Não confundir religiões com movimentos religiosos, pois estes, sim, atendem às razões humanas, uma vez que se originam no interior das religiões estabelecidas.

Assim, Cristianismo é uma religião. Catolicismo ou protestantismo são movimentos religiosos que possuem uma finalidade prática.

Islamismo é uma religião. Sunismo ou xiitismo são movimentos originados dentro dela.

Outras religiões também possuem suas correntes, que surgiram em razão de interpretações pessoais ou grupais a respeito de como passar adiante as razões divinas que sustentam a religião.

É a partir dessas interpretações que o princípio dualista presente em todas as religiões se manifesta.

Uns e outros acreditam-se os verdadeiros intérpretes das vontades de Deus, e logo surgem as correntes, que nada mais são que a materialização dos princípios positivos e negativos contidos em todas as religiões.

Alguns mais afoitos podem até nos interpretar erroneamente, mas atentem para o fato de que não estamos discutindo o indiscutível (Deus), mas tão somente elucidando certos pontos facilmente identificáveis nas religiões para podermos iniciar nosso comentário.

O catolicismo é conservador (positivo), o protestantismo é contestador; (negativo).

Mas o catolicismo atual é liberal quanto à vida privada dos seus fiéis, por isso é negativo, porque até certo ponto aceita a discussão. Já o protestantismo é retrógrado, porque imiscuise na vida pessoal dos seus fiéis, impondo-lhes limitação de todos os tipos. E aí, em seu conservadorismo sobre a mensagem do Cristo Jesus, torna-se conservador, religiosamente falando.

O mesmo acontece com o culto aos Orixás.

Os rituais africanos procuram conservar uma tradição, e por isso são dogmáticos. Já a Umbanda, por afastar-se da tradição oculta e aproximar-se do espiritismo em geral, é contestadora, e liberal.

Mas o Candomblé restringe a vida pessoal dos seus fiéis e dita-lhes regras inquebráveis que devem ser seguidas à risca. Então, por limitar o culto, torna-se tradicional, enquanto a Umbanda, por abrir o culto tornando-o facilmente assimilável e realizável ritualisticamente, torna-se renovadora.

Com isso esperamos dirimir quaisquer dúvidas quanto ao sentido que, neste nosso comentário, o dualismo assume.

Não vamos nos ater aos aspectos íntimos de cada religião, porque não é este o nosso objetivo. Apenas recorreremos ao dualismo existente em todas elas unicamente por motivos humanos, pois somos duais por excelência. Ou não é verdade que o sacerdote que perdoa ou condena é o mesmo que abençoa, excomunga ou amaldiçoa?

Não é menos verdade que o mesmo líder de uma religião que vive a proteger, a educar e a amparar seus correligionários, em caso de ameaça à integridade de sua igreja, lança seus pacatos, ordeiros e caridosos fiéis na ebulição emocional das reações religiosas, que são as mais cruéis, implacáveis e insensíveis, se comparadas às reações políticas ou militares?

E aqui não condenamos as reações religiosas, porque elas fazem parte dos choques regidos pela lei do carma.

Afinal, uma religião acomodada na mobilização mística de seus fiéis ou sofre um choque de contestação ou de aniquilamento, ou se esgota no tempo.

Sempre que começa a acontecer uma acomodação religiosa nociva aos fiéis, afastando-os dos templos, uma nova religião surge, forte e vigorosa, para ocupar os espaços deixados de lado pela letargia, preguiça espiritual ou pela obesidade religiosa.

Em religião não há espaço para a acomodação. Todas são vias evolucionistas por excelência e atendem a vibrações mentais do próprio Criador, que vão assumindo interpretações cada vez mais humanas, à medida que vão se aproximando de nós por meio dos muitos níveis regentes responsáveis pela nossa evolução.

Muitas vezes, quando uma vibração ativadora de religiosidade chega ao ser humano encarnado, nem sempre é corretamente interpretada por aqueles diretamente alcançados pelo mental divino, e as mais diversas interpretações surgem, dando origem a conflitos, cismas, fanatismos, perseguições, afastamentos, etc.

Mas isso acontece devido à incapacidade do mental humano em apreender o sentido exato das vibrações do mental divino, por excelência sempre imparcial em todas as suas ordens ativadoras do sentimento de religiosidade no ser humano.

Então, após a ativação pelo mental divino regente da religiosidade em todas as dimensões da vida e níveis conscienciais, surgem os princípios regentes da lei, quando todas as ações iniciadas após a ativação ficarão registradas na tela sensitiva planetária, dando início a reações moderadoras das ações dos seres humanos.

Devemos salientar aqui que, a partir do setenário sagrado, e identificado com o sentido da fé, há uma vibração mental contínua irradiando energias despertadoras do sentimento de fé em Deus.

Por ser contínua e planetária, essa irradiação de fé alcança todas as dimensões habitadas por seres vivos, sejam eles classificados como humanos ou não. Essa vibração não se dirige a ninguém em especial, mas a todas as criaturas viventes, levando-as a crer em Deus ou a buscá-lo segundo a concepção que cada ser tenha d'Ele.

Não importa ao mental divino se alguém o identifique em Jesus Cristo, em Buda, em Krishna, em Alá, em Iavé, em Brahma, em Zeus, em Hermes, em Agni, em Olorum ou Zambi, em Oxalá, para não citarmos outras concepções humanas do nosso divino Criador.

Todas essas concepções são válidas e aceitáveis pelo mental divino, pois conduzem o ser humano à religiosidade e o sustentam em sua fé.

A concepção sempre será humana, pois o mental divino regente da criação e das criaturas é um só. Mas o ser humano que vive na floresta amazônica entende a vida a partir de uma ótica que não é a mesma do beduíno do Saara.

São dois tipos de vida totalmente opostos, que geram duas concepções sobre o mesmo Criador.

O índio vê no Criador um ser exuberante nas formas, pois o meio em que vive é por demais diversificado. Já o beduíno do Saara, por morar em local muito definido quanto às formas e "econômico" quanto às criações, em que a água é o maior dos bens materiais, tem outra visão do Criador. Para o índio amazônico, a água, às vezes, e pela sua abundância, é um tormento; já para o beduíno, ela, na maioria das vezes, é um suplício exatamente por sua escassez.

Como ter uma mesma concepção se um invoca o Criador reclamando pelo excesso de água, e o outro pela falta dela? Como ter uma mesma concepção, se o habitante do oásis reza para que chova um pouco para que sua tamareira frutifique, e o índio ora para que saia um pouco de sol para que seu milharal frutifique?

É impossível uma concepção única do Criador entre seres tão díspares nos seus anseios e expectativas de vida.

E disso tem plena consciência o mental divino, que por convenção chamamos de Deus, nosso Criador.

Mas, infelizmente, os responsáveis pelas religiões não meditam isso e preferem se lançar uns contra os outros, criticando-se mutuamente e acusando-se dos mais aberrantes desvirtuamentos sobre "Deus".

Aqui não defendemos ou fazemos a apologia ao politeísmo, mas tão somente aplicamos o acerto de todas as concepções humanas sobre a divindade criadora, nosso Deus por excelência.

O mesmo ser, inapreensível pelo mental humano, criou aquela areia fina do deserto e as frondosas árvores da selva amazônica.

Também, o mesmo ser criou o delicado beija-flor que na selva amazônica viceja, assim como os terríveis escorpiões que vicejam nas areias quentes do deserto.

Mas o índio amazônico, contemplando o beija-flor, terá sua concepção a respeito do ser que criou tão bela ave. Já o beduíno certamente terá outra visão sobre Aquele que criou o escorpião, tão delicado e tão venenoso.

Isso explica em parte os próprios choques humanos acontecidos no decorrer dos tempos.

Os índios amazônicos não guerreiam ou guerreavam entre si pela posse de Deus, pois Deus era e é generoso demais. Já a história dos povos do deserto, judeia incluída, viveram, vivem e sempre viverão guerreando entre si pela posse de Deus, pois ali Ele, O Criador, foi em certo sentido muito econômico.

Esta "economicidade" do Criador O torna muito disputado pelos homens e, infelizmente, até agora, nenhum pensador encarnado atentou para esse detalhe.

Afinal, quando o meio ambiente é fecundo e pródigo em variedades, as preocupações nas questões de fé acontecem num sentido. Já num meio ambiente exaurido, as questões de fé se processam em outros sentidos e em outro nível.

Temos assentado em Psicologia Religiosa que Deus assume nas mentes humanas as concepções que melhor respondem às suas necessidades.

E não adianta idealizarmos um Deus acima ou fora do alcance consciencial do ser, porque nós O colocaremos num nível tal que Ele será incompreensível ou inaceitável.

Quando isso acontece, os seres se afastam de Deus por não sentirem afinidades ou satisfação nos cultos.

Existem várias vertentes religiosas, em que cada uma segue um tipo de concepção acerca de Deus.

As duas principais, por abarcarem maior número de consciências, são as concepções de um Deus natural e a de um Deus impessoal ou impersonalizável.

Na primeira concepção, enquadram-se as religiões que se identificam por meio da Natureza e de suas divindades protetoras ou guardiãs. Na segunda concepção, o Deus impersonalizável precisa de intérpretes humanos que substituam as divindades da Natureza.

Na religião natural, as divindades atuam como intermediárias entre os homens e Deus; na religião impessoal, os profetas e os santos assumem o lugar das divindades e é por meio de suas concepções que os homens concebem Deus e O cultuam.

Nas religiões naturais, tais como: o culto aos Orixás, o culto aos deuses, à natureza, etc., temos a Umbanda sagrada, o Candomblé, as religiões tribais africanas, o Hinduismo pré-Budismo, o panteão greco-romano, os cultos naturais sino-japoneses, etc. Na religião impessoal, temos: o Judaísmo, o Cristianismo, o Islamismo, o Budismo, o Masdeísmo e outras.

Na religião natural, o elo forte chama-se divindade, e na religião impessoal, denomina-se intérprete de Deus.

Ou alguém discute as regras ditadas por Jesus Cristo, Maomé, David, Sidarta, Zaratustra, Salomão, os apóstolos, Santo Agostinho, São Tomás de Aquino, ou Abraão, Maimônides, São Francisco...?

Não, ninguém coloca em dúvida que todos eles, e cada um ao seu tempo e lugar, interpretaram corretamente as vontades do Criador que lhes chegaram através de vibrações mentais.

Realmente esses intérpretes possuem uma aura divina a envolvê-los, tornando-os imortais na memória filosófica e religiosa da humanidade.

Só que, o par desses intérpretes que aproximam Deus e os homens, flui com naturalidade uma vertente tão poderosa, religiosamente falando, que guia tanto os seres humanos quanto eles: é a religião natural, em que nenhuma de suas correntes disputa a primazia da posse de Deus, tal como ocorre no Judaísmo, Cristianismo e Islamismo, todas pertencentes a um mesmo filo religioso e, portanto, concorrentes entre si, porque surgidas do antagonismo e da aversão à religião natural.

A natural não guerreia pela posse de Deus, porque a Ele se chega por meio das divindades, que se identificam com a Natureza ou com fenômenos nela realizados.

Não existe, a rigor, uma posse ou a tentativa da imposição, pois o religioso natural, ao perceber certa resistência à sua concepção, credita ao despreparo das pessoas abarcadas pelo seu ritual.

Concedem aos refratários os créditos da incompreensão, despreparo, desconhecimento dos fundamentos, etc. E por isso jamais incutem ou impõem o Criador e nem suas divindades agentes, pois se a aceitação não for natural e por afinidades conscienciais, o fiel torna-se indigno da divindade que porventura venha a invocar para que interceda junto ao Criador.

Isso vemos acontecer a todo instante com os filhos de Umbanda, quando cometem uma ação que contraria os preceitos e fundamentos de seus Orixás. Os próprios filhos de fé sentem-se indignos dos Orixás e desdobram-se para voltar a ser dignos aos olhos deles.

Já na religião impessoal, a pecha de pecador dificulta o retorno dos "pecadores", porque as ovelhas temem a volta do lobo travestido na pele do cordeiro. E o inferno é o destino inexorável do pecador.

Esses *modus operandi* das duas principais vertentes religiosas as distinguem em todos os aspectos, tornando-as ora atrativas, ora repelentes aos espíritos humanos.

Por isso mesmo o Criador, que se manifesta nas duas, tem-nas sustentado desde que criou os homens, e as amparará por todo o sempre, ainda que os adeptos da religião impessoal, a mais implacável com todas as outras vertentes religiosas, vivam a blasfemar contra os cultos naturais.

Após o desencarne, todos acabam descobrindo nas divindades, às vezes tão humanas quanto nós, verdadeiros mistérios da criação.

Afinal, se num nível consciencial mais baixo, a Orixá Iemanjá é a "deusa" do mar, em outro, muito mais elevado, ela é identificada como o princípio feminino gerador de vidas.

Se, num nível inferior, Obaluaiê, o Orixá das doenças, é o médico dos pobres por excelência, em outro muito mais elevado ele é identificado como o guardião das "almas" humanas.

Dissemos alma, não espírito!

Alma é o que somos (essência) e espírito é como nos vemos (corpo).

Assim, de choque em choque o ser humano vai evoluindo e transformando seu carma (débitos) em dharma (créditos), pois carma são os erros e dharma os acertos. Carma é o negativo e dharma é o positivo.

Mas as religiões são, além de vias evolucionistas, os agentes cármicos por excelência, porque se em uma o ser não se encontra com seu Eu, em outra há uma harmonização completa. E aí, finalmente, deixa de fugir ou procurar Deus, pois o encontra em si mesmo.

Algumas correntes de pensamento atribuem um valor excessivo aos seres negativos como agentes cármicos. Mas nós temos como certo que os verdadeiros agentes cármicos são as religiões, pois onde uma falha na evolução do ser, outra o auxilia a rapidamente alcançar os que se encontram mais evoluídos.

E todas possuem o lado positivo (céu) e o negativo (inferno), para limitar a consciência dos seres humanos em suas ações.

Desde o princípio foi assim, porque assim é!

Uns preferem classificar essa divisão de destinos além-morte como simples divisão entre bons e maus. Outros já preferem a classificação entre equilibrados e desequilibrados. Mas na essência todos estão certos, pois chegam ao mesmo espectro: luz e sombra.

Quanto ao aspecto "carma", geralmente as interpretações parciais atendem somente a mentes habituadas ao parcialismo nas análises, já que se uma religião implica ter bem definidos seu céu e seu inferno, não se sustentam as supostas incumbências ao lado negativo como agente cármico.

Entes ou entidades isoladas não formam agentes cármicos.

Somente todo um processo (via) forma um agente cármico por excelência, pois aí onde um ente ou entidade chega aos seus limites, um seu superior ou inferior na hierarquia (via) assume a responsabilidade pela continuidade no esgotamento de um carma, ou no reajustamento dos espíritos.

Todas as religiões assentadas nos dois lados da vida são vias de dupla mão, em que os seres humanos tanto podem ascender quanto regredir, não dando espaço para descontinuidades na vida dos seres humanos a elas ligados.

Quem sustenta essa continuidade é o próprio Criador, pois Ele atua no todo, que é tanto o lado positivo (luz) quanto o lado negativo (trevas). E dentro do todo, todos estão sujeitos às mesmas leis, penas e recompensas.

Para finalizarmos este comentário, perguntamos o seguinte aos pretensiosos donos de Deus e das verdades divinas:

Já que pregam que suas religiões são as únicas ungidas por Deus, mas ao mesmo tempo asseguram que Deus criou tudo, então por que elas são tão limitadas tanto no tempo quanto no espaço?

Será que acreditam que antes de seu deus o mundo não possuía um ordenador, e que todos os seres humanos estavam condenados ao inferno?

Será que céu, paraíso, éden, nirvana, aruanda, etc., foram criados apenas para os seus fiéis?

Já que muitas religiões se foram, outras ainda estão e muitas haverão de estar, como explicar que só aos senhores foi concedido o privilégio do espírito santo de Deus (divinização do ser humano, para quem não sabe o que significa!), e a posse das verdades sobre Ele?

Já que todos se julgam donos da verdade, por que Deus deixou a espécie humana vagar na "não verdade" por milhões de anos, uma vez que "suas" religiões têm tão somente uns poucos milhares de anos?

Os senhores sabem realmente quando e onde surgiu a "espécie" humana?

Os senhores sabem a idade do mundo?

Os senhores sabem realmente como Deus se manifesta na vida dos seres humanos?

Os senhores sabem realmente quem é Deus?

Os senhores sabem quem realmente são os senhores?

Os senhores sabem quem somos nós, os outros?

Então...??!!

Um abraço de Seiman Hamiser yê, M. L.

Os Mistérios Originais Duais, Cósmicos e Universais

Comenta: Pai Benedito de Aruanda, M. L.

Todos já devem ter ouvido falar em "mistérios", não?
Claro, pois todas as religiões possuem rituais, orações e mistérios.
Mas em verdade, qual é a ideia que no geral se formou sobre mistérios?
Se indagarmos a uma pessoa qualquer o que é um mistério, certamente ela se confundirá e não conseguirá definir um único que seja, e irá preferir optar por dizer que mistério é coisa de Deus.
Estará certa esta resposta?
Apenas em parte, porque se tudo emana de Deus então tudo a Ele pertence.
Mas mistério é algo bem definido e funciona por si só, desde que ativado por quem o evocar. Senão, vejamos:
Alguém já atentou para a razão que faz com que orações, rezas ou invocações, bênçãos e maldições funcionem?
Podem até dizer: "Ora, oração é a comunhão com Deus!"
Sim, mas e daí? Como explicar a maldição? Ela é a comunhão com o demônio?
É certo que é a comunhão no sentido de ligação.
Bem, o fato é que tanto a bênção quanto a maldição fazem parte de um mistério que pertence ao dom do verbo, ou do som.
Sim, todos os sons ecoam no espaço, e alguns têm eco.
Há uma dimensão que definimos como uma tela que capta todos os sons vibrados, quer seja o choro de uma criança, o latir de um cão, o balir

de uma ovelha ou a oração de alguém. Assim como o silvar dos ventos, o troar das nuvens ou o estrondo de um terremoto.

Este plano, atuando como uma tela vibratória, capta todos os sons ao mesmo tempo e, por ser tela viva, identifica-os de imediato por estar em sintonia com o mental divino.

Assim, quando oramos, o magnetismo sutil da oração leva o som até esta tela que a capta e de imediato, através do mental divino, retorna ao orador na forma de eflúvios luminosos e energizantes. A oração ecoa na luz e chega aos "ouvidos" da divindade afim com o orador.

No caso de uma maldição, o magnetismo denso chega à tela captora e vai alcançar uma afinidade nas esferas escuras, e o retorno virá na forma de eflúvios magnéticos densos e escuros. As maldições chegam aos "ouvidos" dos demônios, e o mais afim com o amaldiçoador irá responder-lhe.

Isso é um mistério.

O verbo (som) é um mistério dual, porque tanto abençoa como amaldiçoa, tanto se ora como se frageja através do som, que ecoa e chega aos "ouvidos" de quem está apto a ouvi-lo.

Outro mistério é a geração. Nas mais diversas espécies superiores, a fecundação ativa-a, e só termina com a geração de uma nova vida (da mesma espécie, certo?).

Não vamos nos deter em outros aspectos da fecundação, mas tão somente no ato em si.

Bem, em todas as espécies há machos e fêmeas, que podem se constituir seres ou princípios apenas. E neste caso temos os vegetais, já que não existe um pessegueiro macho e um fêmea.

Os princípios estão na planta em si, e durante a florada o pólen (sêmen) é absorvido pelo aparelho reprodutor e ali fecunda, dando início a novos pessegueiros.

Também não vamos nos deter nas minúcias, e quem quiser entender todo esse processo pode estudar Botânica. Conhecer a fundo os mistérios faz bem ao intelecto e satisfaz a curiosidade.

Bem, voltando à fecundação, nos animais a cópula leva à geração de novas vidas dentro de uma mesma espécie, desde que ela seja natural.

Outro mistério é o aprendizado. A capacidade de um ser humano em aprender é ilimitada, desde que respeite seus limites. Mas, por aprendermos a fazer tanto o bem quanto o mal, temos aí um mistério dual.

Entretanto, afora os mistérios que podem ser entendidos como princípios físicos, biológicos ou químicos, que as ciências os explicam, temos outros de naturezas transcendentais ou divinas.

E aí tudo muda, porque a origem deles não se localiza na natureza terrestre.

As divindades, tal como as concebemos, são um mistério de natureza divina, porque não conseguimos explicá-las por meio da nossa visão humana das coisas.

Podemos conceber várias hipóteses sobre uma divindade, mas com certeza nunca chegaremos à sua essência. A nós chega apenas seu exterior ou, se preferem, a aparência.

Podemos meditar muito a verdadeira "natureza" íntima delas, mas só poderemos conhecer algo sobre elas a partir de suas manifestações visíveis aos nossos olhos.

Agora, e quanto às invisíveis, das quais nem sequer temos vagas ideias? Tomemos, como exemplo, um Orixá sagrado bem conhecido: Ogum.

Bem, muitos já o interpretaram a partir de suas manifestações exteriores, tais como: guardião dos caminhos, cortador de demandas, executor da lei, chefe das linhas de Exu, senhor do fogo, chefe guerreiro, etc.

Todas essas concepções são meras interpretações humanas da divindade Ogum.

Mas nenhuma foi tirada a partir do seu "interior", e todas foram concebidas a partir das manifestações do Orixá.

São visões humanas de um mistério divino e nada mais.

E não tenham dúvidas, jamais chegaremos sequer a alcançar a "periferia" do interior do mistério divino conhecido como Orixá sagrado Ogum.

Até ele, o mistério em si mesmo, jamais chegaremos, pois a cada grau que evoluímos, maior, mais amplo e de maior alcance nós o encontramos.

Assim, de grau em grau, quanto mais nos aproximamos de sua natureza mais nos distanciamos de seu íntimo, porque o campo abrangido por ele aumenta.

E isso acontece com todas as divindades conhecidas.

Jamais conseguiremos chegar a elas em si mesmas, ou seja, em suas "intimidades".

Só as identificamos como as próprias à medida que evoluímos e alcançamos outros níveis conscienciais, porque encontramos as hierarquias ligadas a elas, as divindades.

E por mais elevada que seja a esfera, ainda assim estaremos visualizando apenas o seu exterior, porque mistérios divinos todas elas são.

Temos as divindades de natureza cósmica (negativas ou ativas) e de natureza universal (passivas ou positivas).

Essa classificação serve unicamente para distinguirmos as divindades que atuam a partir das esferas da luz e das esferas escuras (trevas).

Existem também as divindades que são mistérios duais, ou seja, atuam tanto nas esferas positivas como negativas, porque trazem em si a bipolaridade magnética, energética e vibratória. E tanto podem doar quanto retirar a luz de um ser, de um local, ou mesmo de todo um plano da lei e da vida, se preciso for para melhor atenderem às necessidades daqueles que vivem naquele plano.

Os Orixás sagrados do ritual de Umbanda são de natureza dual e atuam tanto nos aspectos positivos quanto nos negativos. E tanto nas naturezas masculinas quanto nas femininas.

O que conhecemos nós, os espíritos, e vocês, os médiuns, são apenas as hierarquias responsáveis pelos seres humanos. Outras existem que cuidam de outros reinos ou dimensões, e de outros seres viventes.

É por isso que algumas culturas identificam as divindades com fenômenos da natureza, tais como: tempestades (Iansã), trovão (Xangô), sol (Oxalá), etc.

Assim fica fácil, pela analogia, identificar as divindades.

Os mistérios da criação são tantos que é impossível listá-los.

Mas o fato é que eles existem e atuam a partir de princípios divinos, portanto, fora do nosso alcance mental, consciencial e intelectual.

Fontes de Energias: Cósmicas, Universais e Celestiais

Comenta: Seiman Hamiser yê, M. L.

Fontes de energias são vórtices gigantescos localizados nas esferas cósmicas (negativas), universais (positivas) e celestiais (dupla polaridade).

Essas fontes ou vórtices têm por função fornecer energia nos mais diversos padrões vibratórios, magnéticos e irradiantes.

Como sabemos, todos nós somos geradores de energia. Mas para gerá-la temos de absorver certos padrões (tipos) energéticos, que sofrerão uma adaptação ao nosso padrão vibratório para, só então, ser irradiados através dos nossos sentidos.

Assim, caso um ser esteja vibrando no amor, energia positiva seus sentimentos irradiarão. Mas a par de estar irradiandoa, também estará absorvendo um padrão de energia de natureza divina através de seu "cordão do amor", que sai de sua coroa e o liga a uma fonte divina geradora desse padrão energético, enquanto seus chacras estarão absorvendo padrões humanos de energias que circulam à sua volta no meio onde vive.

No íntimo do ser, esses dois padrões de uma mesma energia (amor) se misturam e tornam-se o padrão pessoal de energia que ele irradia através dos seus sentidos porque está vibrando no amor.

A ligação dele com as fontes são estabelecidas a partir de seu cordão mental padrão amor.

As fontes da energia amor assumem vários graus numa escala específica. Com isso, se o ser está vibrando um tipo de amor, a uma fonte ele se liga. Mas se outro tipo ele vibrar, com outra fonte se unirá.

O amor derivado da fé está num grau, mas o amor paterno está em outro grau. E o amor geral aos semelhantes se liga às fontes geradoras em outro grau.

Em nosso exemplo, amor, a energia é um tipo ou padrão. Já quanto ao tipo de amor vibrado, aí são estabelecidos os graus na escala da energia amor.

Em todos os sentimentos vibrados encontramos o ser ligado mentalmente a fontes exteriores geradoras de energias. Não vamos especificar todas elas, porque este não é o nosso objetivo aqui. Mas fiquem certos: mesmo aqueles que vibram ódio, inveja, mágoas, etc., estão ligados a fontes exteriores. Os sentimentos alteram o magnetismo pessoal e de acordo com o grau desse magnetismo, as ligações energéticas se estabelecem devido à lei das afinidades vibratórias.

Se um ser vive no amor ou na fé, vibra um padrão positivo e tanto capta quanto irradia energia positiva; se vive no ódio ou na mágoa, vibra um padrão negativo, e tanto capta quanto irradia energia negativa.

As ligações estabelecem-se quando um ser estabiliza seu magnetismo em determinado padrão, e se rompem quando ele altera seus sentimentos e magnetismo.

Vamos dar um exemplo clássico, mas que se aplica a todos os casos possíveis.

Um homem e uma mulher, por afinidades múltiplas (beleza, simpatia, cor), atraem-se e nasce um sentimento de amor entre os dois, que só tende a crescer e aproximá-los cada vez mais.

Mas, se porventura, em dado momento e em algum sentido, acontecer um fato desagradável que os marque para sempre, outros sentimentos surgirão (ódio, desprezo, mágoa, tristeza) e o ser, que até há pouco irradiava para seu par a energia padrão amor, começará a emitir energia no padrão negativo cujo sentimento o fato desagradável despertou.

A troca de polaridade acontece automaticamente e a irradiação energética é alterada de modo instantâneo.

Outro exemplo pode ser dado: um sujeito pacato e pacífico, após humilhações, ofensas e insultos, começa a vibrar os sentimentos de ódio, de revolta e de vingança. Assim, ele que até há pouco irradiava um padrão positivo, passou a vibrar outro de natureza negativa.

E tudo acontece num instante, pois os sentimentos tanto sutilizam o magnetismo pessoal como o densificam. Pela lei das afinidades, o ser inunda-se de energias afins com o sentimento que está vibrando em seu íntimo.

Em todos os exemplos, a afinidade magnética é a responsável pelo estabelecimento das ligações dos cordões mentais captadores de energias. E todos os magnetismos pessoais são a essência dos sentimentos vibrados no íntimo dos seres.

E todas as fontes, positivas ou negativas, têm por função fornecer energia aos seres, assim como às faixas, às esferas ou aos planos em que se localizam, porque um ser que tenha vivido sua vida material no amor, pela lei das afinidades será atraído para um plano em que predomina a energia padrão amor, gerada dentro do plano por fontes (vórtices) que inundam todo com energia padrão amor.

Quanto ao ser que viveu no ódio, não tenham dúvidas, irá para um plano, faixa ou esfera em que as fontes geram energia padrão ódio.

Assim:
se o amor enobrece, o ódio embrutece;
se o amor sutiliza, o ódio densifica;
se o amor eleva, o ódio rebaixa;
se o amor expande, o ódio concentra;
se o amor universaliza, o ódio individualiza.

Em cada era de nosso magnetismo pessoal, com fontes exteriores nos ligamos, ora positivas, ora negativas.

Mas nem todas as fontes têm o caráter até aqui descrito, ou seja, como sendo fontes de amor ou de ódio. Estas estão localizadas nas esferas da luz ou nas das trevas. Outros tipos de fontes, ligados diretamente aos sentidos dos seres humanos e ao corpo energético, também existem. São as fontes localizadas na faixa celestial, já descrita em comentário anterior.

Essas fontes inundam o "meio", ou a junção dos planos material com o espiritual, em que, lado a lado, convivem encarnados e desencarnados, o par da confluência das esferas positivas com as negativas.

Essa faixa celestial abarca o meio material e espiritual, sendo que neste ela é mista e tanto encontramos planos positivos, quanto negativos (luz e trevas, dia e noite, alto e embaixo, direita ou esquerda).

Por isso as fontes são duais. Elas geram energias tanto para o plano material quanto para o espiritual. E neste, tanto energia positiva, quanto negativa.

Essa energia que circula no meio material, e que alguns chamam de "prana", é gerada por fontes existentes na faixa celestial.

As fontes afins com o corpo energético humano irradiam energias que são absorvidas pelos chacras e servem para inundar o corpo do ser com um padrão energético equilibrador, por meio das energias que ele está absorvendo pelos cordões que o ligam a fontes cósmicas ou universais como resultado dos sentimentos que está vibrando em seu íntimo.

O estudo das fontes é por demais atraente e, por meio dele, chegamos às cores, às virtudes, aos dons, etc. Mas por serem muito profundos os conhecimentos exigidos dos estudiosos, ficamos por aqui, em que nossa única intenção é apenas comentar de onde vêm as energias que os videntes, durante seus estudos das auras e dos chacras humanos, descrevem como sendo absorvidas pelos seres humanos.

Um abraço.

Esferas Extra-Humanas

Comenta: Seiman Hamiser yê, M. L.

As esferas extra-humanas localizam-se além das esferas positivas e abaixo das negativas.

Elas estão além do alcance visual, magnético, vibratório e energético do ser humano em seu estágio humano da evolução.

Somente os seres que já sublimaram seus sentidos estão aptos a adentrar essas esferas extra-humanas. E a partir delas, alcançarem orbes habitados por outros seres, também eles extra-humanos.

Chamamos a estas esferas de esferas extra-humanas porque se localizam além e fora do alcance comum a todos os espíritos humanos. Elas são o meio de acesso a outros "mundos" que não a Terra, o nosso planeta.

Os espíritos comuns, tanto os que vivem nas esferas da luz quanto os que moram nas trevas, se enviados para elas abruptamente, poderiam ser partidos através de seus sentidos e se esfacelariam, tal como ocorre se um corpo humano for lançado no vácuo absoluto existente além da estratosfera planetária.

Os princípios são os mesmos, pois a dimensão em que elas se localizam fica além do espectro humano na escala magnética.

Uma das funções dessas esferas é reter, dentro dos limites humanos do todo planetário, os seres humanos. Senão um maluco qualquer, em espírito é claro, que cisme de voltar até Marte ou Vênus, ou qualquer outro planeta, acabará num meio energético totalmente impróprio para a "vida humana".

E aí, bem...

Mas voltando às esferas extra-humanas, outra de suas funções é impedir que energias que circulam no cosmos, mas em universos paralelos ao nosso, o material, penetrem as múltiplas dimensões da vida que aqui se desenvolvem, dentro do todo planetário.

O planeta Terra é protegido pelo cinturão de energia celestial (*vide O Livro das Energias*). O corpo humano é protegido pela aura, e o todo planetário é protegido pelas esferas extra-humanas, que circundam o todo formado pelas esferas habitadas por múltiplos tipos de vidas. Afinal, os seres humanos não são os únicos seres dotados de uma alma, ou mesmo de um corpo "espiritual", certo?

Quanto a esse aspecto, deixemos para abordá-lo nos comentários sobre os universos paralelos.

As esferas extra-humanas possuem gigantescos vórtices pelos quais funciona um tipo de respiração planetária, que absorve um colossal "caldo" energético que é distribuído, segundo as necessidades de cada uma, a todas as dimensões da vida. Após o "suprimento", eles expelem todas as energias não utilizadas ou nocivas aos múltiplos tipos de vida existentes nas muitas dimensões habitadas por milhões de espécies.

Nós temos como assentado que as esferas extrahumanas são os pulmões do todo planetário. Elas filtram as energias das impurezas e realizam a troca de energias entre o interior e o exterior planetário, tal como ocorre nos alvéolos pulmonares.

Encontramos as correspondências entre o micro e o macro em todos os níveis da criação. E não seria diferente com relação ao todo planetário, que é um todo único em meio a muitos outros todos, também eles, únicos, porque destinam-se a outros seres, padrões de vida e vontades do divino Criador.

Nas esferas extra-humanas, além dos vórtices gigantescos, existem outros menores, pelos quais fluem energias que classificamos como "líquidas", que vão correndo como filetes de água, ainda que não sejam água. Possuem cores imperceptíveis aos olhos humanos, e mesmo à visão espiritual pouco apurada, e são muito "diferentes" das cores por nós conhecidas. Diríamos mesmo que são fontes de pigmentos de cores únicas e exclusivas das esferas extra-humanas.

Existem estudos profundos sobre essas minúsculas fontes, mas nem em um simples comentário devemos abordá-los ou revelá-los.

Bem, as esferas extra-humanas são acessíveis somente aos seres já sublimados que atuam unicamente através do mental, já não necessitando da visão, da audição, do tato, do olfato ou do paladar.

Mesmo os sentidos metafísicos já não são os que eram no nível consciencial humano, e assumem o sentido divino das razões da existência.

E somente os seres sublimados estão aptos a entender as coisas a partir das razões, não precisando mais da observação das causas ou dos efeitos.

Dimensões e Universos Paralelos

Comenta: Seiman Hamiser yê, M. L.

Eis o mistério da vida por excelência!

Comentar sobre as dimensões da vida ou os universos paralelos é descrever, com limites por causa do uso das palavras, um mistério magnífico.

Nós, em estudos, já contemplamos os planos existentes nas esferas, e os temos como a magnificência criadora do nosso divino Criador.

Vamos descrever um plano rapidamente, para que depois possamos abordar as dimensões da vida e os universos paralelos.

Comecemos assim:

Em Geometria, uma reta não tem uma medida, pois pode ser infinita.

Em Geometria, uma reta é formada por muitos pontos.

Em Geometria, por um ponto passam muitas retas.

Em Geometria, um plano é tido como um ajuntamento de muitos pontos. Mas por mais próximos que estejam um do outro para que formem o plano, ainda assim haverá um espaço entre um ponto e outro.

Em Geometria, os planos são infinitos, e se os limitamos entre quatro traços, é somente para figurá-lo, e nada mais. Mas os geômetras têm como certo que um plano, em verdade, não tem altura ou largura definidas, pois é infinito em sua dimensão (medida). Portanto, dentro de um plano infinito, eles, por convenção, podem situar figuras ou semirretas ou segmentos de retas com limites em suas dimensões (medidas), e só assim podem realizar seus cálculos.

Bem, aqui não vamos estudar Geometria, mas isso precisa ser compreendido por analogia, pois nós já comentamos que o lado espiritual é formado por sete esferas ou faixas ascendentes (positivas) e sete negativas, separadas pela faixa celestial.

Também já comentamos sobre a escala ou a reta numerada em que temos (-) e (+), certo?

O (-) é para as esferas negativas e o (+) para as positivas.

Também comentamos que existem graus e subgraus vibratórios, magnéticos e energéticos, assim como luminosos.

Com tudo isso rememorado e em mente, vamos aos planos: uma esfera, a 3ª por exemplo, está no número três da escala ascendente. Mas dentro dos limites da terceira esfera existem, antes de se chegar à 4ª esfera, sete subdivisões ou sete níveis de magnetismo consciencial, que limita os seres e suas ações, não lhes permitindo o acesso a um nível superior àquele que realmente possui.

Nesse caso, os seres são "levados" até um nível superior para conhecê-lo e serem estimulados a conquistá-lo a partir de seus próprios esforços dirigidos, consciente ou inconscientemente, pelos que vivem nesses níveis mais "acima".

Voltemos um pouco ao plano material: observando a olho nu o firmamento, notamos que ele termina onde cessa o alcance de nossa visão. Mas se recorrermos a um poderoso telescópio, o alcance de nossa visão aumentará tantas vezes quantas forem a capacidade de suas lentes.

Daí, se as lentes do telescópio têm 1.000 vezes de alcance, por mil teremos multiplicado o alcance de nossa visão. Mas mesmo assim, após este alcance ser atingido, o Universo não terá chegado ao seu fim. E um telescópio com um alcance de 1 milhão ou 1 bilhão de vezes o da visão humana, também não chegará às "franjas" do Universo, pois fim ele não possui.

O Universo é como o plano em Geometria: não tem altura, largura ou profundidade. Em qualquer direção que o observarmos, seguirá existindo indefinidamente.

Os astrônomos detectam estrelas a 10 bilhões de anos-luz, ou a 50 bilhões de anos-luz, que é algo aparentemente banal; mas se pararmos para meditar, teremos um bom motivo para descartarmos os ateus. Sem dúvida algo tão grandioso e magnífico não surgiu de um *big-bang* concebido de forma imaginosa.

Afinal, o tal *big-bang*, esta explosão, surgiu, ou melhor, aconteceu como? Foram dois átomos que colidiram e desencadearam tudo isso!!!

Bem, o fato de uma estrela estar à distância de 50 bilhões de anos-luz já nos dá uma ideia da infinidade do Universo, visto a partir do nosso posto de observação. Mas se nos voltarmos para o lado oposto ao nosso ponto de observação, vamos encontrar outra estrela à distância de 50 bilhões de anos-luz.

Aí teremos a seguinte reta numerada:

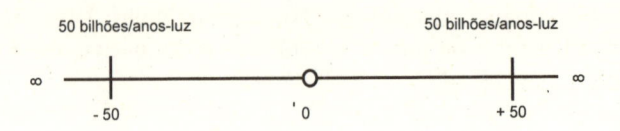

Mas se fosse possível nos deslocarmos até onde está o (+ 50), estaríamos a 100 bilhões de anos-luz do (- 50), certo?

E não tenham dúvidas, a partir do (+ 50), conseguiríamos localizar uma estrela a 100 bilhões de anos-luz do ponto zero de observação, porque infinito em todas as direções é o Universo.

O planeta Terra é como um ponto em Geometria: qualquer que seja a direção que observemos o Universo, nossa visão não alcançará um fim verdadeiro. E, imaginariamente, podemos estabelecer quantas linhas de observação desejarmos, pois a Terra é um ponto no espaço e por ela passam infinitas retas. Isso é Geometria pura, e ciência por excelência.

Logo, é uma verdade incontestável, e está fundamentada na realidade das coisas, cujos conceitos prescindem de hipóteses.

E a Geometria, antes de se tornar uma ciência humana, já era divina, tal como a Numerologia ou a Matemática.

Bem, este Universo é a realidade do ser humano que está vivendo no lado material da vida. No lado espiritual, existe outra realidade semelhante.

Mas este universo espiritual ou dimensão do espírito tem suas leis energéticas, magnéticas, vibratórias e luminiscentes que sofrem alterações sensíveis de grau para grau.

E mesmo entre os graus, há os subgraus que servem como parâmetros para a visualização do grau evolutivo dos seres.

Um ser "sobe" somente até onde seu magnetismo o sustenta pela lei das afinidades. E mais não sobe. Se isso ele fizer, uma "gravidade" não mensurável, de ordem consciencial, rebaixá-lo-á sutilmente.

Como isso se processa?

O ser ou não acompanha os que vivem neste nível superior, ou é atraído por sentimentos afins até o seu verdadeiro grau e nível consciencial.

Uma criança de 10 anos não aprecia viver entre pessoas de 50 anos, e prefere a companhia de outras com a mesma idade.

Uma criança no primário não entende aquilo que um professor ensina no colegial. Assim, ou ela volta a cursar o primário ou deixa de estudar por faltar-lhe os conhecimentos anteriores aos do nível colegial. Certo?

Então entenderam que ou cada um está no seu devido lugar (nível de evolução), ou se sentirá deslocado tanto no tempo quanto no espaço.

E evolução é nível consciencial. Um espírito pode já ter vivido, digamos, na 5ª esfera ascendente, mas por razões as mais diversas, numa encarnação infeliz, pode ter regredido para uma esfera inferior.

Como o acaso não existe, a regressão não ocorreu por uma infelicidade, mas sim porque aquele espírito ainda não estava apto a se sustentar em todos os sentidos na 5ª esfera. Lembram-se deles? Amor, fé, conhecimento, etc., que são sete, que se sincretizam com os sete dons e as sete virtudes, etc.?

A regressão acontece para que a falha num dos sentidos seja reparada e aí sim, o ser atingirá o equilíbrio em seu magnetismo, podendo galgar novamente a 5ª esfera de luz.

"Deus escreve certo por linhas tortas", diz o adágio, não? Certíssimo!

Dentro de uma esfera temos os subgraus vibratórios, e estes formam subfaixas em que se localizam os tão "falados" planos espirituais.

Os planos, paralelos uns aos outros em qualquer direção que escolhermos, também são infinitos. Não têm um limite e não são limitados.

Dentro de um plano, um espírito que tem a capacidade de volitar à velocidade da luz, pode escolher uma direção e "voar" nela que jamais chegará ao fim do lado que escolheu.

Tudo em Deus é infinito, em qualquer direção ou sentido que escolhermos.

Um espírito só sai do plano em que vive se mentalizar um ponto de referência acima ou abaixo e projetar-se na direção do objetivo. Chegando ao ponto desejado, precisa ajustar-se mentalmente ao meio em que se encontra, senão ficará invisível num nível inferior e muito exposto num nível superior.

Tudo isso é possível aos espíritos com alto grau de evolução. Mas sempre respeitando seus limites, pois ir muito acima é impossível, e muito abaixo é desaconselhável.

Bom, um plano espiritual é isto: é um lugar em que vivem espíritos com afinidades em muitos sentidos, que, se não se elevarem ou rebaixarem em seus magnetismos, vibrações e energias, podem tomar a direção que bem desejarem que jamais chegarão a um fim, porque, tal como os planos em Geometria, não possuem limites no espaço.

Em um plano, tudo o que comentamos sobre o plano material e o Universo se repete.

Nas sete esferas positivas, nunca escurece, porque lá não existe noite. Nas sete esferas negativas, sempre é escuro, pois não há dia.

Mas na faixa celestial, ponto de encontro da luz com as trevas, os planos repetem o que o ser encarnado está habituado: há dia e noite.

Mas nos planos superiores, os dias são de uma claridade magnífica; e as noites, de uma luminosidade deslumbrante devido à infinidade de estrelas que pontilham no firmamento e parecem tão próximas quanto lâmpadas para os encarnados.

Talvez a visão espiritual, que é mais ampla e de maior alcance que a material, proporcione isso, ou outra realidade apresente isso à visão nas noites celestiais dos planos superiores na faixa celestial.

Descrições românticas sobre as noites celestiais nos níveis muito elevados nos dizem que os pares enamorados quase podem tocar na estrela que os ilumina nos seus idílios amorosos. E daí talvez venha esse apego, essa verve dos poetas românticos ao cantarem o amor nas noites estreladas.

Saudades de momentos vividos nos planos superiores da faixa celestial, em noites inesquecíveis, ainda que inenarráveis!

Bem, voltando aos nossos comentários originais, esperamos que tenham entendido a nossa sucinta descrição do que são planos, pois tentamos ser didáticos dentro do possível.

Mas... e quanto às dimensões? E os universos paralelos?

Bom, já descrevemos as dimensões na evolução quando dissemos que existem dimensões originais, que são formadas de um só elemento (ar, água, terra e fogo), certo?

Comentamos também que há dimensões bielementais ou bienergéticas ou bidimensionais, em que vivem seres formados a partir de um elemento, que nelas absorvem seu elemento negativo ou oposto, certo?

Também comentamos que existem dimensões trienergéticas ou formadas por três elementos originais.

E falamos da dimensão formada por quatro elementos puros, que é onde os seres em seus estágios humanos da evolução vivem e evoluem.

Comentamos também que no todo planetário existem dimensões em que os seres evoluem sem passar pela dimensão material, ou ingressar na grande corrente reencarnatória, certo?

Revelamos que dentro do "todo" planetário existem 77 dimensões, distintas umas das outras, e todas elas habitadas por seres.

Pois saibam que cada uma dessas 77 dimensões é a porta de acesso a universos totalmente distintos do nosso, mas que existem paralelos a ele.

Ainda que não haja como provar isso, porque todos estão fora do alcance visual, magnético, energético, irradiante, vibratório e luminiscente do espírito humano, não estão fora do alcance visual dos seres em seus estágios angelicais da evolução.

E isso aprendemos com eles, os anjos, nossos instrutores celestiais. Acredite aquele que já possuir uma consciência formada.

Pois o fato é que existem dimensões minerais, aquáticas, ígneas, terrenas, aéreas, cristalinas, etc.

E cada uma delas é o meio de acesso a outros universos particulares, já que as leis que os regem são específicas de cada um deles, em nada iguais ao nosso universo material.

Até as formas e meios são diferentes, os conceitos são outros e os fins também são outros, pois vários são os objetivos, ainda que tudo seja direcionado num só sentido: Deus!

No plano material existe uma realidade composta de planetas, estrelas, astros, asteroides, galáxias, constelações, etc., ela é visível a nós, os "seres" humanos.

Mas nestes universos paralelos outras coisas com várias designações existem e atendem aos objetivos do Criador, às criaturas por Ele criadas.

No ensinar dos seres superiores, aprendemos que, a exemplo do plano geométrico, não existem espaços vazios, porque todo ele é ocupado por coisas pertencentes a outras dimensões da vida, e formam outros universos paralelos ao nosso, o mundo da matéria.

Assim, entendemos que no espaço entre a Terra e a Lua, mas em outra dimensão, pode existir em outro corpo celeste que tanto pode ser, para esta outra dimensão, uma estrela ou um planeta, ou qualquer outra coisa. Somente podemos imaginar a partir da noção que já possuímos.

Cada "ponto" é o acesso a outro universo.

E disto não temos dúvidas, pois o Orixá Oxum, regente dos reinos minerais, a vida em administra elementos diferentes. Só os reinos regidos por ela, a Orixá planetária Oxum, abrigam 77 tipos de vidas e seres, em nada iguais, ainda que semelhantes nos seus princípios básicos ou fundamentais.

E isso ainda é desconhecido dos médiuns iniciados no Ritual de Umbanda Sagrada. Esta é a primeira vez que esse mistério sobre a sagrada e divina Oxum, senhora das riquezas, foi liberado para o conhecimento do plano material. Mas Oxum não é a senhora das riquezas que muitos imaginam, o ouro! Os tolos são os mesmos em todas as religiões! Os alquimistas verdadeiros sabem que a transformação do ferro bruto em ouro puro nada mais é que o ser ignorante conquistar a sabedoria. Os verdadeiros iniciados no Ritual de Umbanda Sagrada sabem que Oxum é a senhora das riquezas, mas da vida.

Bem, esperamos ter dado a pedra de toque para que, no plano material, mentes curiosas e desejosas das verdades do conhecimento comecem a estudar este novo campo do saber das coisas divinas, pois, em verdade, não estamos sós na nossa longa jornada rumo ao Criador divino. Bem ao nosso lado, mas invisíveis aos nossos olhos, milhões de seres também realizam suas longas jornadas rumo àquele que é o fim de todos: viver em Deus!

Orixás, Mistérios do Mistério Maior

Comenta: Seiman Hamiser yê, M. L..

Neste comentário, procuraremos nos conduzir mais em relação às qualidades, aos atributos e às atribuições astrais que às materiais dos sagrados Orixás do Ritual de Umbanda Sagrada, porque estes são, em verdade, os fundamentos que juntam numa mesma religião todas as hierarquias religiosas já "havidas" no nosso planeta abençoado.

O Ritual de Umbanda Sagrada é, em verdade, uma síntese religiosa, em que cada religião pode abrir uma linha de trabalho, toda ela voltada para o espiritual, constituída de uma hierarquia que no alto se encontra, liga-se e é regida pelos Orixás sagrados, e que no meio humano evoluir pessoas as mais diversas entre si, devido às diferenças culturais, econômicas e religiosas, mas que, por afinidades mentais, espirituais e conscienciais, reúnem-se em uma mesma linha de trabalho nas tendas de Umbanda.

Só para que tenham uma noção do quanto importante é esta síntese religiosa, falemos um pouco de nós mesmos:

Eu, este M. L., que aqui inspira este escritor de Umbanda, fui em minha última, e já distante no tempo, encarnação, um mago persa que cultuava a Agni sagrada, o fogo divino, que naquela época (2800 a.C.) tinha muitas afinidades com o ritual praticado pelos sábios hebreus nas terras de Israel, que cultuavam o senhor do fogo divino.

Mas outros M. L.. como eu existem, provenientes do Hinduísmo, do Islamismo, do Cristianismo, dos cultos de nações africanas, dos astecas, dos incas, do xamanismo siberiano, do xintoísmo, do naturalismo greco-romano, do indigenismo norte e sul-americano, das ordens védica, Rosacruz, Maçonaria, magos do arco-íris sagrado, etc.

E todos, repito, "todos", irmanados numa linha de trabalho que se estende desde a sétima esfera superior até a sétima inferior, não deixando um só grau vibratório (evolucionista) sem ao menos um espírito a representar "nossa" linha de trabalho, toda ela regida pelo ser planetário e Orixá sagrado ancestral, "Ogum".

Esta linha não é superior ou inferior a qualquer das outras linhas de trabalho do Ritual de Umbanda Sagrada que, ao contrário do que muitos imaginam, é grande no plano material (guia-médium), mas enorme no plano espiritual (leiespíritos). E os trabalhos realizados nos templos e tendas de Umbanda são apenas a "ponta" de uma gigantesca pirâmide que atinge seu ápice em Ogum, o regente natural que forma um dos sete braços do setenário sagrado.

Assim, são tantas as linhas de trabalho, que aqui não caberiam todas, caso fôssemos nomeá-las.

E todas, tão grandiosas e importantes quanto a nossa, que engloba muitas variações sobre um símbolo básico: as espadas. São espadas douradas, azuis, verdes, vermelhas, prateadas, roxas e negras. Estes últimos são nossos irmãos Exus, todos ligados ao senhor Ogum Megê.

Existem Caboclos e Caboclas, assim como há Exus e Pombagiras, todos comandados nas linhas de trabalhos pelo trono das Espadas da Lei, um dos degraus de Ogum, Orixá sagrado, que é regente de 77 degraus localizados nas muitas dimensões no todo planetário.

Mas, muitos, após conquistarem seus graus dentro de nossa hierarquia, são enviados de volta às religiões formadoras de seu consciencial, nas quais desempenharão funções análogas às já conhecidas nas tendas de Umbanda pelos médiuns.

Uma hierarquia ou linha de trabalho não é uma força limitada. Ela procura reverter para o bem comum (a humanidade) todo o seu vigor, sua vontade e a irradiação divina do Orixá que a anima.

No Cristianismo, por exemplo, a ordem de São Jorge (ordem puramente espiritual) é incorporadora de espíritos de "almas" guerreiras, e tem em nossa hierarquia seus fundamentos e sustentáculo para suas investidas contra os irmãos nas trevas que, pelos mais fúteis motivos, atacam religiosos cristãos.

Nos mosteiros, igrejas e basílicas, incontáveis "guerreiros" de São Jorge montam guarda, protegendo-os e aos religiosos dos "excessos" cometidos pelos espíritos caídos.

Mas... a espada, símbolo da lei, é atributo de um único ser planetário que se na Umbanda Sagrada e no culto de nação africana recebe o nome sagrado de Ogum, em outras religiões por outro nome é conhecido e invocado.

Agni sagrado é o senhor do fogo da espada flamejante, e alguns associam os nomes Ogum a Agni por correspondências fonéticas, gráficas e léxicas.

Mas se isto é verdade, também é real que onde, por analogia ou sincretismo, nós encontramos o Orixá Ogum, lá acharemos a espada da lei a punir os excessos, tanto cometidos nas trevas como pelos espíritos encarnados.

Espada simboliza luta e força, vida e morte, paz e guerra, poder e submissão; enfim, exprime lei e ordem, em todos os níveis conscienciais!

A espada é um símbolo sagrado e representa o poder de Ogum.

O Orixá Xangô traz no machado de dupla lâmina o símbolo de seu poder, a justiça querendo dizer com isso que corta tanto para cima como para baixo, tanto à esquerda quanto à direita. Mas também tem na balança outro dos seus símbolos sagrados, porque nos dois pratos todas as ações humanas são "pesadas". E traz também as tábuas da lei, querendo dizer que ou respeitamos o que está escrito ou um preço deverá ser pago.

Ogum tem também como símbolo o escudo, querendo dizer que protege, guarda, ampara, etc.

Enfim, cada hierarquia simboliza um tipo de trabalho a ser realizado pelos seus membros, independentemente do lugar para onde venham a ser enviados em sua função de membroexecutor.

E todos os Orixás sagrados possuem suas hierarquias humanas, elementais e "angelicais", de seres encantados, etc.

Usamos muitas vezes o termo angelical, porque assim os leitores que não conseguem assimilar o significado do termo Orixá vão, aos poucos, percebendo que "Orixá" é designação de ser superior em todos os sentidos.

Os seres encantados (da Natureza) que formam as hierarquias dos Orixás possuem um grau consciencial tão superior ao grau humano que não nos é possível aquilatá-lo. São, por natureza e formação, veladores da vida em seus muitos níveis, aspectos e espécies.

Um regente planetário é responsável por vários aspectos da vida em muitas dimensões, todas elas habitadas.

Por isto, possuem suas hierarquias "puras", todas elas compostas de seres de uma formação uniforme e não interrompida por encarnações no plano material.

A formação desses seres originais segue uma evolução que não passa pela "carne", pois são ligados diretamente à preservação da Natureza.

Nós já comentamos que existem duas vertentes religiosas, certo?

Pois a vertente natural é sustentada por estes seres de formação única e uniforme, em que Deus não é discutido. Sobre Ele, não vamos encontrar dúvidas de espécie alguma. Não discutem a natureza de Deus: Ele é a própria natureza. Não discutem a essência: Ele é a própria essência. Não discutem seus aspectos: Ele é todos os aspectos.

Enfim, na linha evolucionista seguida por eles, os encantados, nada se discute, e tudo se processa de tal forma que não surgem dúvidas.

Mas nesta linha evolucionista há também um inconveniente: falta a criatividade humana, tão mal-entendida pelos que dela se beneficiam.

No meio material humano, e mesmo no espiritual, essa criatividade adapta o meio ao ser e este ao lugar em que venha a estar.

Nos muitos "reinos encantados" habitados pelos "seres" da Natureza, temos numa colmeia um bom exemplo de como a vida se processa.

As abelhas são ordeiras. Cada uma realiza sua função automaticamente; não há quebra de hierarquia, não há discussão quanto ao que cada uma tem que realizar para que a harmonia dentro da colmeia subsista.

Entendam que é apenas um exemplo a que recorremos para compararmos a evolução que se passa num reino habitado pelos seres da natureza, por favor.

Então, numa colmeia não há o fator criatividade atuando. Tudo se processa numa ordem tal que ninguém extrapola seus limites.

Isso, como exemplo, é o funcionamento das coisas (atribuições) nos reinos encantados.

Assim, se um médium tem como regente um Orixá Ogum, este Orixá individual traz em si mesmo uma atribuição em todos os aspectos Ogum da Natureza. E, ou o médium se porta e comporta segundo o padrão de qualidade Ogum, ou entrará em desarmonia vibratória com seu Orixá regente planetário que, por meio do seu Ogum pessoal, no médium refletirá a não afinidade nos procedimentos médium-Orixá.

Orixá é mais ou menos isso: ordem, hierarquia, submissão, trabalho, conservação, auxílio, agregação, seletividade. Essa seletividade acontece por afinidade.

Um médium com muitas afinidades com os Orixás tende a distanciar-se das coisas materiais e mundanas, por isso o fator Exu é fundamental para o seu equilíbrio emocional.

A lei do equilíbrio também atua aí. Por meio do "fator Exu" o emocional do médium é voltado para as coisas mundanas e os assuntos materiais, recordando que ele, o médium, é um ser humano. E só agindo como tal será compreendido e sobreviverá.

Não encontram fundamentos as alegações do tipo: "Sou filho de Iemanjá, por isso devo habitar na orla marítima"; ou "Sou filho de Oxóssi e devo viver no meio das matas", etc.

Ser filho deste ou daquele Orixá significa tão somente que o médium possui "afinidades" com certo Orixá. Essas afinidades acontecem em todos os níveis conscienciais, e também, no caso do regente de cabeça, representa a ligação ancestral no estágio original da evolução, quando todos nós fomos "abelhas" de uma colmeia organizadíssima.

Chegando ao nosso estágio original, em que vivemos sob a irradiação de determinado regente da Natureza, encontramos nossa ligação com um dos Orixás ancestrais, que pode ser o elo que nos liga a um dos dons ancestrais místicos originais, uma vez que em um nível supra-humano não encontramos nosso regente por meio de uma forma, mas tão somente como uma emanação divina que atua sobre toda a criação.

Essa emanação (regente ancestral) podemos identificar como o dom da fé (Oxalá), o dom da razão (Xangô), etc.

Por analogia, identificamos cada Orixá com um dom, uma virtude, um sentido, uma cor, uma pedra fundamental, um som original (mantra), etc.

Só assim podemos contemplar a divindade de um Orixá: saindo das descrições sobre eles feitas nos níveis conscienciais inferiores e captando suas essências, muito visíveis nos níveis conscienciais superiores.

Nos reinos elementares puros (um só elemento), os Orixás são vibrações.

Nos reinos bielementares, os Orixás são polos magnetizadores.

Nos reinos trielementares, os Orixás são energias magnetizadoras.

Nos reinos tetraelementares, os Orixás são vibrações irradiantes direcionadoras da evolução por meio dos sentidos (estágio humano), em que os seres vão assumindo características irradiantes em acordo com seu estágio original, que formou um mental puro.

E só quando purificarmos nosso mental dos vícios humanos, estaremos habilitados a ingressar num estágio superior da evolução. Aí, livres do ciclo reencarnatório, poderemos nos integrar totalmente às hierarquias planetárias responsáveis pela plena harmonia entre todas as dimensões da vida em todos os níveis conscienciais.

A Dupla Polaridade: o Dualismo na Criação

Comenta: Seiman Hamiser yê, M. L.

As religiões mentalistas negam, mas o Criador ao realizar a grande obra dotou todas as suas criações e criaturas de uma dupla polaridade ou duplos aspectos.

Nós temos na Natureza o melhor exemplo para confirmarmos isso.

Temos o dia e a noite como ciclo básico para a germinação das sementes, para o crescimento das espécies e para a maturação dos frutos.

Temos também a necessidade das estações frias e quentes para a própria regeneração da Natureza. Nas estações, temos a mudança da polaridade de várias maneiras:

Frio — calor
Chuvas — secas
Noites curtas — dias longos
Noites longas — dias curtos

Isso se repete indefinidamente, e sempre nas mesmas épocas, não só em razão dos movimentos da Terra, mas também da necessidade de regeneração da Natureza planetária. Afinal, sem estes movimentos não haveria esta Natureza que conhecemos.

Ao contrário do que possa parecer, os movimentos têm essa função para que "nossa" Natureza, assim como a conhecemos, possa existir. O Criador adapta a criação às criaturas, estabelecendo meios o mais adequados possível para a evolução das espécies.

Num encadeamento natural, os corpos celestes possuem seus movimentos para melhor atenderem às criaturas. Assim, não retornando ao passado, mas reinterpretando-o, podemos afirmar que:

a) o homem e seu planeta não são o centro do Universo, que só existe para beneficiá-lo;

b) o homem e seu planeta estão no meio de um Universo que, em todos os sentidos, influencia e beneficia o homem enquanto criatura;

c) o Universo é como é porque, só sendo como é, melhor atende às necessidade das criaturas que, vivendo num Universo regido por leis imutáveis, podem avançar em sua evolução natural;

d) o Universo é estável, as criaturas não;

e) o Universo é o polo positivo da criação e as criaturas formam seu polo negativo, pois sofrem transformações.

Não vamos mergulhar na metafísica para não nos afastarmos do nosso objetivo. Mas em qualquer nível de discussão encontramos uma bipolaridade bem visível na "realização" dos processos. Senão, vejamos:

Dia — noite
Alto — embaixo
Luz — trevas
Macho — fêmea
Positivo — negativo

E a lista de binômios poderia crescer indefinidamente, caso listássemos outros aspectos, tais como:

Fé — ateísmo
Saber — ignorância
Força — fraqueza
Atividade — passividade
Bem — mal
Amor — ódio
Generosidade — egoísmo
etc...

Com isso a bipolaridade vai se acentuando até chegarmos a um ponto em que todos os aspectos, tanto da criação quanto das criaturas bipolares, mostrar-se-nos-iam.

A exemplo da corrente elétrica, é preciso existir pelo menos dois aspectos (polos) para que a luz se "faça".

Não adianta muito e não esclarece nada a negação do duplo aspecto, tanto na criação quanto nas criaturas.

Na origem, tudo foi emanado (criado) por Deus de tal forma que uma criação não prescindisse dos dois aspectos (polos), impedindo assim que viesse a subsistir por si mesma.

Um polo complementa o outro, equilibrando-o e permitindo que a harmonia prevaleça em todos os níveis da matéria e da existência (espécies).

O homem existe porque a mulher existe, e vice-versa.

E assim sucessivamente em todos os aspectos, sem a mulher não haveria a geração e sem o homem não existiria a fecundação.

Temos que refletir muito sobre essa bipolaridade caso desejemos nos aprofundar na vontade divina que prevaleceu no instante primeiro da criação.

Somente sendo partida em duas a coisa não assumiria um aspecto de autossuficiência em si mesma. Ou seja, só tornando o homem dependente da mulher, e vice-versa, o ente humano não se fecharia em si mesmo como um casulo, isolado do restante da criação.

Uma colônia de bactérias pode muito bem realizar sua função de agente transformador dos estados da matéria. Mas por serem unicelulares, multiplicam-se indefinidamente enquanto houver um substrato adequado, e perecem na falta ou esgotamento dele.

Já o ser humano migra de um substrato para outro, porque não é um ente completo em si mesmo para sua multiplicação: precisa do consentimento de seu oposto, de seu outro polo, que o obriga a adaptar-se para se perpetuar.

Mas a bipolaridade não serve somente para isso.

Ela também nos auxilia durante nossa evolução, quando nos desequilibramos e pendemos para um dos dois polos.

Por sermos bipolares por criação e por natureza, só no polo positivo virtuosos nos tornamos. Porém, caso sejamos atraídos para o polo negativo, então materialistas seremos.

Mas, tanto num quanto no outro polo, vivendo bem ou mal, no entanto continuaremos a viver.

Viver é evoluir!

MADRAS® Editora

Para mais informações sobre a Madras Editora,
sua história no mercado editorial
e seu catálogo de títulos publicados:

Entre e cadastre-se no site:

www.madras.com.br

Para mensagens, parcerias, sugestões e dúvidas, mande-nos um e-mail:

marketing@madras.com.br

SAIBA MAIS

Saiba mais sobre nossos lançamentos,
autores e eventos seguindo-nos no facebook e twitter:

@madrased

/madraseditora